Toralf Thieme

On roads again

auf Neuseelands Straßen

NOT*schriften* - Verlag

Fotos: Toralf Thieme

Umschlag vorn: Highway 80 am Lake Pukaki
mit Blick auf den Mount Cook

Umschlag hinten: Sonnenuntergang über dem Indischen Ozean

Impressum:

1. Auflage 2013

Tel./Fax: 0351 - 8386989

info@notschriften.de www.notschriften.com
Satz: Verlag

Druck/Bindung: PBtisk a.s.

ISBN 978 - 3 - 940200 - 90 - 7

Für Brian, Ron, Keith … und all die anderen …

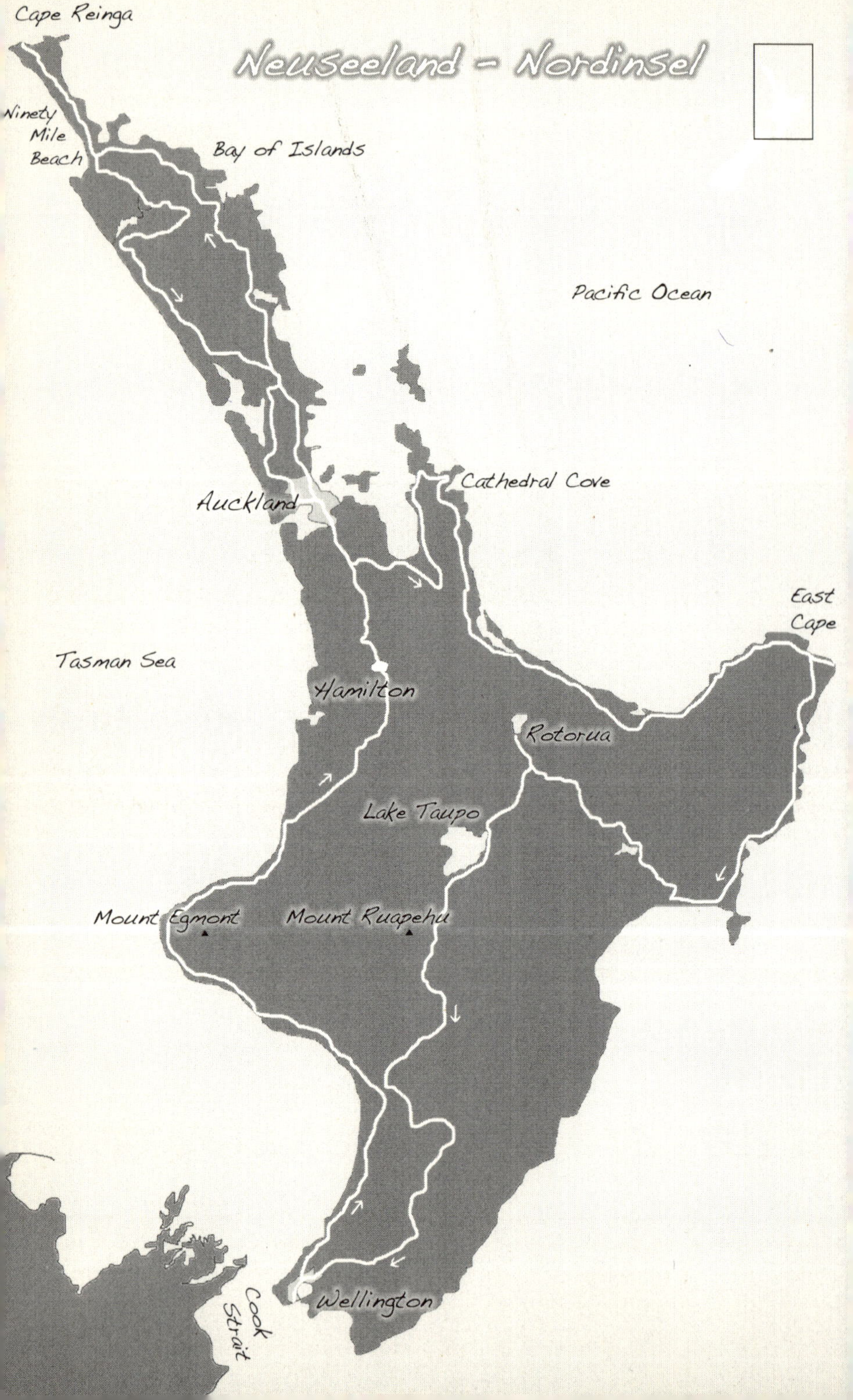

Cape Reinga
Neuseeland - Nordinsel
Ninety Mile Beach
Bay of Islands
Pacific Ocean
Cathedral Cove
Auckland
East Cape
Tasman Sea
Hamilton
Rotorua
Lake Taupo
Mount Egmont
Mount Ruapehu
Wellington
Cook Strait

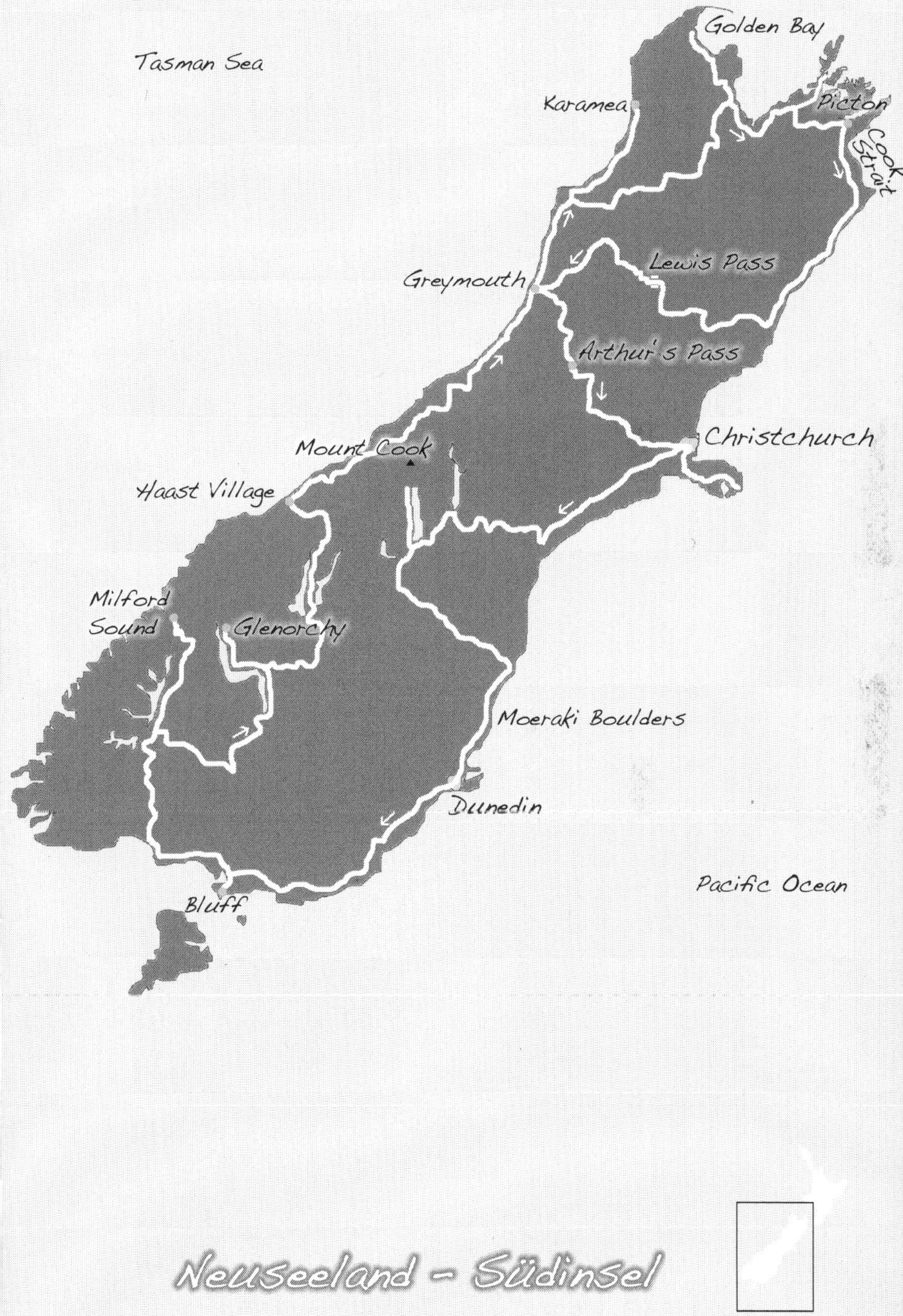
Golden Bay
Tasman Sea
Karamea
Picton
Cook Strait
Lewis Pass
Greymouth
Arthur's Pass
Christchurch
Mount Cook
Haast Village
Milford Sound
Glenorchy
Moeraki Boulders
Dunedin
Pacific Ocean
Bluff
Neuseeland - Südinsel

Nicht lange, nachdem meine Frau und ich uns getrennt hatten, traf ich Dean zum ersten Mal. Ich hatte gerade eine schwere Krankheit überstanden, die ich nicht weiter erwähnen will, höchstens dass sie etwas mit der scheußlich deprimierenden Trennung zu tun hatte und mit meinem Gefühl, alles sei tot. Mit dem Auftauchen von Dean Moriarty begann der Teil meines Lebens, den man mein Leben auf den Straßen nennen könnte.

Jack Kerouac

Wenn das Leben dir sagt, dass du im Moment keine Chance hast, auf der Glücksseite zu landen, dann musst du 'nen Abgang machen. Einfach verschwinden für `ne Zeit. Neuseeland ist dafür der perfekte Ort. Hast du ein Problem, geh nach Neuseeland. Dann hast du kein Problem mehr.

Ein Ire

Wer einmal seine Insel erreicht hat, der geht mit ihr unter.

Noch mal der Ire

Prolog

Aotearoa war schlicht und einfach das Naheliegendste.

Das zu Ende gehende Jahr hatte, vorsichtig formuliert, nicht so ganz meinen Vorstellungen entsprochen. Nach der erstaunlichen Zeit von vier Ehemonaten war meine Frau zu der Erkenntnis gelangt, dass wir wohl doch nicht so recht zusammen passten und hatte die Scheidung eingereicht. Dazu kamen diverse, nicht lösbare Probleme mit meiner Arbeitsstelle und die ganz normalen, privaten und globalen Krisen, die 2012 auf neue Höhepunkte zusteuerten. Es war definitiv nicht mein Jahr gewesen, und ich hatte nicht mehr allzu viel gegen den im Mayakalender (möglicherweise) für den 21. Dezember (eventuell) prophezeiten Weltuntergang einzuwenden. Nur wollte ich diesen mit einem gewissen Abstand zu den vermuteten Ausbruchstellen (Mexiko, Yellowstone, Euro-Zone) in aller Ruhe, in sommerlichem Klima, in beeindruckender Landschaft und so lange wie möglich verfolgen.

Was lag also näher als Aotearoa – das Land der langen weißen Wolke, wie es in der Sprache der Maori, der ersten Siedler Neuseelands, genannt wird. Weiter weg von Deutschland kann man sich trockenen Fußes nicht begeben.

Meine dreimonatige Auszeit auf den Straßen Nordamerikas lag lange genug zurück, um all die damit verbundenen Strapazen und den Vorsatz, das nicht so schnell zu wiederholen, verdrängt zu haben.

Nun mag man sich an schier endlosen Tagen im Büro denken, dass drei Monate unterwegs zu sein eine ganz fantastische Sache ist. Ich hatte erlebt, dass nach reichlichen sechs Wochen allein in der Fremde die ganz große Euphorie erst einmal vorbei war und wollte daher die nächste Reise auf diese Zeitspanne begrenzen. Das hing natürlich auch damit zusammen, dass sich die neu heraufziehende Krise (oder war es immer noch die selbe?) noch nicht in voller Pracht entfaltet hatte und ich mit regulärem Urlaub auskommen musste. Der Vorteil von Reisen auf die Südhalbkugel ist, dass man den Urlaub von zwei Jahren zusammenlegen kann und trotzdem in den Sommer fliegt.

Die Zeit, das Ziel und jede Menge Gründe waren also vorhanden und der Routenplan mit Unterstützung durch das Buch „Traumstraßen Neuseeland“ innerhalb von zwei Stunden skizziert. Dass die Reise wieder mit einem Wohnmobil stattfinden würde, stand von vornherein fest und mit „Ron“ war mir auch schon frühzeitig der richtige Name für meinen neuen Begleiter eingefallen.

Um alle weiteren lästigen Details – die Flüge, das Hotel, das Wohnmobil und zwei Fährüberfahrten zwischen der Nord- und der Südinsel – kümmerte sich in bewährter Weise das Reisebüro Zobelt. Als vermuteter Premiumkunde bekam ich dort Anfang November nicht nur meine Unterlagen überreicht. Zu einem anregenden Gespräch gab es Kaffee, selbstgebackene Kiwitorte mit Schlagsahne und einen frisch gepressten Kiwisaft.

Knapp zwei Wochen vor Beginn der Reise ging dann folgende Meldung durch die Presse:

„Der im Zentrum der neuseeländischen Nordinsel gelegene Mount Tongariro ist am Nachmittag des 21. November erneut ausgebrochen. Nach Angaben des Ministeriums für Zivilschutz handelt es sich jedoch um einen vergleichsweise kleinen Ausbruch. Einige Wanderwege im Tongariro Nationalpark, die in die Nähe des Kraters führen, wurden geschlossen. Größere Evakuierungsmaßnahmen sind nach Einschätzung der Behörden derzeit nicht erforderlich. Menschen kamen nicht zu Schaden. Über dem Krater hat sich eine zwei Kilometer hohe Aschewolke gebildet. Zwar sind bisher keine Behinderungen im Luftverkehr bekannt, je nach Windrichtung ist jedoch eine temporäre Schließung nahe gelegener Flughäfen nicht ausgeschlossen. Eine

Gefährdung für den etwa 200 Kilometer nördlich gelegenen internationalen Flughafen von Auckland besteht derzeit nicht.

Der Mount Tongariro war nach über 100 Jahren im August 2012 ausgebrochen. Damals mussten umliegende Siedlungen evakuiert werden; der Nationalpark wurde für mehrere Tage gesperrt.

In Reaktion auf den erneuten Ausbruch hat das Auswärtige Amt am 21. November seinen Reisehinweis zu Neuseeland aktualisiert. Allen Deutschen in der Region wird empfohlen, sich über die aktuelle Situation in den lokalen Medien zu informieren und Verhaltenshinweisen der Behörden zu folgen. Dies gilt insbesondere für Besucher des Tongariro Nationalpark und des Wanderwegs, Tongariro Crossing'. Es besteht auch weiterhin kein Recht auf kostenlose Umbuchung oder Stornierung von Neuseelandreisen."

Die Vorbereitungen für den Weltuntergang liefen also auf vollen Touren, und ich musste da nun durch. Ein Zurück gab es nicht mehr.

Nachdem meine Frau und ich dann auch noch rechtskräftig von einem richtigen Richter und mit einer richtigen Anwältin getrennt worden waren und der ewige, graue Novemberregen sein Übriges getan hatte, gab es mal wieder nichts mehr, was mich noch in Deutschland gehalten hätte.

Ich war wieder reif für die Straße.

OST

Die Straße war zunächst eher ein Weg (Privat! Nutzung auf eigene Gefahr!! Kein Winterdienst!!! usw.), aber dieser führte, von Wenigen vermutet, nicht nur in den Lößnitzgrund, sondern auch in die große weite Welt. Ich war auf diesem Weg schon oft zu Unternehmungen aufgebrochen. Vor vielen Jahren täglich in die Schule, dann zu einer Radtour nach Berlin, später nach Nordamerika.

Und ich war auf diesem kleinen Weg auch aus Nordamerika zurückgekommen. Für meine Mutter ein unvergessliches Erlebnis. Seitdem ist sie sich sicher, auf diesem Weg geht es nach Amerika.

Leider musste ich feststellen, dass der Weg eben nach Amerika geht und nicht nach Neuseeland. Kurz nach drei fuhr ich mit meinem Bruder zum Dresdner Flughafen. Ich hatte jede Menge Zeit. Der Flug ab Dresden sollte 17.35 Uhr starten und der große Flieger in Frankfurt 22.15 Uhr.

Schon auf der Fahrt rief das Reisebüro an, um mitzuteilen, dass der Flug gestrichen war. Alles kein Problem. Um 19.00 Uhr sollte noch einer nach Frankfurt gehen und ich hätte dann immer noch reichlich zwei Stunden Zeit. Also checkte ich, nachdem ich von unfreundlichen Angestellten eine Schalterrunde im Kreis herum geschickt worden war, zumindest meinen Rucksack nach Auckland ein. Innerlich bereitete ich mich mal wieder darauf vor, ihn nie wiederzusehen. Dann fuhren wir erst einmal wieder nach Hause, um uns für den zweiten Versuch zu stärken.

Wieder auf dem Flughafen und diesmal richtig von meinem Bruder Abschied genommen, stellte es sich schnell heraus, dass der Flieger nicht um 19.00 Uhr starten würde. Er war noch in Frankfurt, und alles Weitere war unklar. Ein informiert wirkender Herr rechnete mir vor, dass ich immer noch eine Chance hätte und meinte, er würde pokern. Also pokerte ich, wohl wissend, dass ich im Moment nicht gerade einen Lauf hatte.

Irgendwann an dem immer länger werdenden Abend kam die Info, dass der Flieger noch in Frankfurt auf die Enteisung warte und genaue Planungen nicht möglich wären.

Gegen halb neun kam er dann endlich in Dresden an, und in einer halben Stunde sollte es losgehen. Was auch eingehalten wurde. Um neun hoben wir ab. Ich schaute mir das hell erleuchtete Dresden von oben an und baute auf eine Hoffnung, die ich eigentlich schon nicht mehr hatte. Das freundliche Kabinenpersonal teilte mir mit, dass sie leider keinen Einfluss auf die Abflüge von „Qantas Airways“ hätten, und mir auch in Frankfurt nicht weiterhelfen könnten. Sie würden mir aber ganz doll die Daumen drücken. Etwas später entschuldigte sich der Kapitän für die ganzen Unannehmlichkeiten und versprach Vollgas zu fliegen, um wenigstens einige Minuten aufzuholen.

Ich verließ als erster in Frankfurt das Flugzeug, nur um schnell festzustellen, dass ich nicht alleine zu einem nicht auffindbaren Service Point rannte. Wir waren 22.00 Uhr gelandet und rannten unserer Hoffnung hinterher.

Nachdem ein weiterer, gut informiert aussehender Herr mir Mut machte, erreichte ich völlig verschwitzt mit dem Sky Train das gähnend leere Terminal 2. Nur der Schalter von Air Berlin war besetzt, und dort ließ man, natürlich sehr freundlich und höflich, meine Hoffnung endgültig sterben. Später erzählte mir mein Bruder, dass der Qantas-Flug um 22.08 Uhr abgehoben hatte. Ich hatte nicht die Spur einer Chance.

Also zurück ins Terminal 1 und den Lufthansabereich gesucht. Ein wieder sehr höflicher Herr öffnete auf das Codewort „Sydney“ hin die Tür zu einer langen Schlange in Frankfurt gestrandeter Hoffnungen. Der Flughafen bereitete sich indes auf die Nachtruhe vor. Mit mir in der Schlange stand ein Österreicher, der auch nach Neuseeland wollte, um dort ein Jahr als Bäcker zu arbeiten.

Irgendwann kam ich dann an eine sehr genervt wirkende

Lufthansa-Angestellte, die mir aber recht schnell meine Qantas-Flüge um einen Tag umbuchte, ein Hotel besorgte und mich mit Essensgutscheinen für den nächsten Tag versorgte. Ins Lufthansa Tagungshotel in Seeheim brachte mich ein türkischer Taxifahrer. Außerdem dabei ein Münchner, der nach Cordoba wollte, und eine etwas deutsch sprechende Chinesin. Der Münchner fasste den Tag zusammen, dass es doch erstaunlich sei, wie gut das alles organisiert sei. Er meinte natürlich nicht die Fliegerei, sondern die Unterstützung beim Nichtfliegen. Gequält rang ich mir ein „So kann man das auch sehen" ab.

Mit dem Frühstück im Hotel musste ich mich beeilen, da es nur bis neun gereicht wurde. Geschlafen hatte ich gefühlt überhaupt nicht. Mehrere Versuche ins Internet zu gelangen, scheiterten an meinem Laptop oder der veralteten Technik des Hotels. WiFi auf dem Zimmer war hier noch nicht bekannt. Begründet wurde dies mit der bergigen Lage! Ich verstand es nicht. Später erreichte ich das Reisebüro und konnte meine Vorstellungen zum weiteren Ablauf durchgeben. Das Hotel in Auckland brauchte ich nicht mehr. Ich würde möglichst sofort nach der Landung Ron übernehmen und versuchen, wieder in meinen Plan zu kommen.

Auch wenn ich es nicht glauben konnte, es kam die Zeit für den Bus vom Hotel zum Flughafen. Auf dem Flughafen angekommen, traf ich den Bäcker aus Österreich wieder. Gemeinsam warteten wir auf den Aufruf zum Einchecken bei Qantas. Das geschah bei mir problemlos. Ein nächster Schritt zum Abflug.

Im internationalen Bereich gönnte ich mir auf Lufthansakosten eine letzte Bratwurst mit Kartoffelsalat. Die Zeit zum Boarding kam, und so langsam füllte sich die Boeing 747. Mit so einer Maschine wollte ich schon seit meiner Kindheit einmal fliegen. Allerdings machte sie auf mich den Eindruck, dass sie ihr Geld schon lange verdient hatte. Neben mir saß bis Sydney ein Rentnerpaar aus dem Schwäbischen, das nur das Nötigste redete. Ihre

Herkunft leitete ich aus der Mundart ab, ihr Ziel erfuhr ich in den gemeinsam verbrachten, endlosen Stunden nicht.

Um 22.28 Uhr Uhr hob die 747 endlich ab, und ich feierte gedanklich Silvester. Vielleicht etwas verfrüht. Und natürlich auch nicht richtig. Ich hatte nicht versucht, Feuerwerkskörper mit an Bord zu nehmen.

Anfangs sah ich mir noch die Flugroute an, wobei die überflogenen Städte recht schnell immer weiter im Osten lagen. Nach dem Passieren von Nürnberg, Dresden, dem wunderschön beleuchtetem Prag, kamen Krakau und die Ukraine. Ungefähr dort gab es Abendessen und danach wurden alle Luken verschlossen und das Licht stark abgedimmt. Mein erster Gedanke, die Verdunkelung sei wegen der fragwürdigen Staaten, die nun überflogen wurden, erwies sich als falsch. Es ging lediglich um eine ausgedehnte Nachtruhe. Ich dämmerte immer wieder weg. Ungewohnt schnell war wieder Tag, und ich blickte ab und zu durch das kurz geöffnete Fenster herab auf Afghanistan, Pakistan, Iran und was da noch so alles an Schurkenstaaten lag. Ich sah in erster Linie unwirtlichen, grauen oder braunen Dreck, auf dem ich der Bewohner wegen, die sich dort um den Besitz des Dreckes stritten, keine Notlandung erleben wollte.

Draußen war es gleißend hell, die Verdunkelung wurde aber bis etwa zwei Stunden vor Singapur aufrecht erhalten. Die Passagiere sollten schlafen und nicht das Personal nerven.

Nach etwa zwölf Stunden in Singapur angekommen, mussten alle, einschließlich Gepäck, für reichlich zwei Stunden das Flugzeug verlassen. Es wurde aufgetankt, gereinigt und alle Sitzplätze mit neuen Kissen, Decken, Kopfhörern und Menükarten bestückt. Der Flughafen von Singapur war angenehm klimatisiert, und aus den Lautsprechern tröpfelten Weihnachtslieder. Ich fand das sehr absurd, denn auf einer offenen Palmenterrasse erschlugen mich schwül heiße dreißig Grad. Obwohl die Passagiere den internationalen Bereich nicht verlassen hatten, gab es vor dem Weiterflug eine erneute Sicherheitskontrolle.

Wieder war es Nacht, und das Abendessen wurde gereicht. Diesmal wurde nicht abgedunkelt, und ich döste oder versuchte, etwas von dem unter mir liegenden Australien zu erkennen. Am Anfang hatte ich den Eindruck, zwei Buschbrände zu sehen. Dann viel Dunkelheit und ganz selten mal einige wenige, einzelne Lichter. Sitzen konnte ich mittlerweile schon lange nicht mehr. Musste ich aber und zwar mit sehr wenig Platz. Später ging rot die Sonne über einer roten Wüste auf, es gab Frühstück und wir landeten in Sydney. Die nächsten sieben Stunden waren geschafft.

Zu meinem allergrößten Unverständnis erklärte mir ein Mitarbeiter im internationalen Bereich des Flughafens in Sydney, dass es nirgendwo eine Möglichkeit zum Rauchen gäbe. Auch könne ich den Flughafen nicht einfach so verlassen, da ich kein Visa für Australien hätte. Ich verzichtete darauf, ihm das Gegenteil zu beweisen. Stolz wies er mich darauf hin, wie sauber und gesund der Flughafen dadurch wäre. Ich quälte mir ein „Das ist sehr schön für Sie“ heraus und beließ es dabei. Bis Auckland waren es ja nun nur noch ein paar Stunden. Genau zwei Stunden Warten in Sydney, zwei Stunden Flug und eine nicht mehr nachvollziehbare Zeit bis ich den Wahnsinn auf dem Flughafen hinter mir hatte.

Die Landung verlief recht angespannt, da das Land der langen weißen Wolke seinem Namen alle Ehre machte. War der Flug von Sydney bis kurz vor Schluss in strahlendem Sonnenschein über der Tasman See erfolgt, tauchten wir nun in eine weiße Suppe herab, die sich erst kurz vorm Boden etwas auflöste. Es goss in Strömen und aus mir nicht verständlichen Gründen konnte das Flugzeug nicht an ein Terminal fahren. Wir standen weit abseits des Gebäudes und warteten. Ich hatte es gründlich satt, zu warten und vor allem zu sitzen. Sitzen war inzwischen ein einziger, komplexer Schmerz. Irgendwann wurde eine Treppe heran gerollt und ein Bus fuhr zum Terminal.

Die Einreisekontrolle ging recht schnell. Ich legte dem Beamten gleich zu Anfang meine Reiseroute vor. Er warf nur einen kurzen Blick darauf, grinste, sagte: „Have a nice time“, und knallte den Stempel mit dem 6. Dezember in den Pass. Schnell fand ich das Gepäckband und auch meinen Rucksack. Die Freiheit war nahe. Doch dann kam völlig unerwartet noch eine Kontrolle. Diesmal auf Bio. Ich hatte keine frischen Lebensmittel im Gepäck und auch auf dem Einreiseformular alle Fragen mit „No“ beantwortet. Ein strenger Herr fragte nach meinen Boots. Ja, ich habe welche. Dann müssten die auch kontrolliert werden. Ich verstand erst einmal nichts und wurde weitergewiesen. Ein weiterer Beamter sah sich angewidert den, noch aus Österreich stammenden, braunen Dreck auf den Sohlen an und meinte, das müsse unbedingt sauber gemacht werden. Nach fünf Minuten kam er wieder, die Sohlen der Boots sauber und feucht, umhüllt von einer neuen Plastetüte. Der braune Dreck aus Österreich wurde irgendwo in den Katakomben des Flughafens zerstrahlt. Er würde die schöne grüne Insel nicht verseuchen. Mein Gepäck wurde noch einmal gescannt und eine Tüte Bonbons gefunden. Die durfte ich behalten. Es waren grüne aus Deutschland. Der herstellende, globale Konzern hatte Neuseeland wahrscheinlich schon vor langer Zeit verseucht. Da kam jede Kontrolle zu spät.

Und das war es dann mit dem Flughafen. Am Ausgang erwartete mich Stu, ein Engländer, der mich mit dem Auto zum Wohnmobilverleih brachte. Meinen Einwand, dass ich eigentlich im Moment überhaupt keine Lust zum Losfahren hätte und lieber in ein Hotel wolle, wischte er schnell beiseite. In der Nähe der Verleihfirma zeigte er mir einen Supermarkt für die Erstausrüstung und meinte, ein Caravan Park sei auch nicht weit. Derart ermutigt konnte ich es mir doch wieder vorstellen, loszufahren. Die Übergabe – Gudrun sprach deutsch – verlief flott. Eine zusätzliche Kaskoversicherung lehnte ich trotz eindringlichen Zuredens ab. Die Begründung dafür, dass es in Neuseeland keine Haftpflichtversicherung gäbe, interpretierte ich, dass diese dann auch nicht notwendig sei. Offensichtlich passierten wegen der geringen Verkehrsdichte so wenige Unfälle, dass eine Versicherung unnötig war. Diese Interpretation sollte sich im Laufe der Reise bestätigen. Woran ich nicht dachte, war ein selbst verursachter Schaden.

Ron war genauso, wie ich ihn mir vorgestellt hatte. Neu, blitzblank und mit jeder Menge moderner Technik zum Überleben ausgestattet. Mit 78.178 km auf dem Tacho und dem netten Nummernschild FLM291 ging es los. Nach links und auf der linken Straßenseite. Auch die Schaltung war links. Alles fühlte sich ganz furchtbar falsch an. Alle Autos fuhren falsch und die Fahrer saßen auch falsch. Ein verstörendes Erlebnis für meine geschundenen Nerven. Der wunde Hintern machte es auch nicht besser. Den Supermarkt erreichte ich ohne größere Probleme. Den Caravan Park fand ich, trotz mehrfachen Abfahrens auf die vermeintlich richtige Straße auf der falschen Seite, nicht. Nach etwa einer ergebnislosen Stunde entschloss ich mich, ein Stück nach Süden aus Auckland heraus zu fahren. In Ramarama fand ich fast direkt am Highway 1 einen kleinen Platz für die Nacht. Wirklich klein, denn beim Einfahren auf die Stellplätze schrammte ich einen Baum und verschaffte Ron die ersten schweren Kratzer. Ein eindeutiger Nachteil bei neuen Autos. Das Nachdenken über den Sinn einer nicht abgeschlossenen Kaskoversicherung und den sich daraus ergebenden Folgen bei Fahrzeugrückgabe schob ich, soweit es ging, von mir. Ich konnte nicht mehr. Nach einem oberflächlichen Einrichten und einer Dusche kroch ich so gut wie tot in meinen Alkoven.

Im Morgengrauen verließ ich, ohne noch einmal anzuecken, den Caravan Park und war auch gleich auf dem Highway 1 nach Süden, den ich bald Richtung Coromandel Halbinsel verließ. Nun endlich auf dem Pacific Coast Highway, dem ersten auf meiner Liste der Neuseeländischen Traumstraßen. Leider war von der

Pacific Coast nicht allzu viel zu sehen, da die Straße nur selten die Küste berührte und es häufig und stark regnete. Schnell sollte ich aber herausfinden, dass sich das Wetter in Aotearoa oft änderte.

In Whitianga fand ich einen guten Supermarkt, in dem ich meine Ausstattung aufstockte und vor allem die Dinge kaufte, die ich am Vortag im Stress vergessen hatte. Nun war auch die Versorgung geklärt und die Reise konnte richtig beginnen. Erstes Ziel die Cathedral Cove bei Hahei. Gleichzeitig mein erster direkter Kontakt mit der rauen neuseeländischen Natur. Vom Parkplatz aus führte ein Weg durch tropischen Regenwald, immer wieder Ausblicke auf die zerklüftete Küste freigebend. Beim Losgehen hatte ich noch überlegt, ob ich eine Regenjacke und die Fototasche mitnehmen sollte. Ich ließ es sein, denn es war wunderbarster Sonnenschein. Kaum bei dem beeindruckenden Ausbruch in dem Felsen, der wirklich kathedralenhafte Ausmaße hatte, angekommen, begann es zu regnen. Eine Weile beschäftigte ich mich mit Fotografieren, doch zurück musste ich. Ziemlich durchnässt kam ich zu Ron zurück. Natürlich bei strahlender Sonne. Eine erste Lektion zum Wetter war erteilt und verstanden worden.

Etwas weiter Richtung Osten fuhr ich durch Te Puke. DIE Kiwi Stadt und Region schlechthin. Wobei in diesem Falle die Früchte gemeint waren, die eigentlich chinesische Stachelbeeren sind. Das sind die wohl bekanntesten Kiwis. Weiterhin gibt es einen Vogel mit diesem Namen. Er ist das neuseeländische Wappentier, ein Vogel, der nicht fliegen kann, kugelrund, mit dichtem, flauschigem Gefieder und sehr langem Schnabel. Man bekommt ihn nur äußerst selten zu Gesicht, da er die Dunkelheit bevorzugt und vom Aussterben bedroht ist.

Der dritte Kiwi ist schließlich der vornehmlich aus Europa eingewanderte Mensch. Von dieser Gattung soll es reichlich drei Millionen Exemplare geben. Ein zehntel der auf den Inseln lebenden Schafspopulation. Diese drei Millionen verteilen sich zu etwa einem Drittel auf die Stadt Auckland, ein weiteres Drittel auf die Städte der Nordinsel und der Rest auf die beiden Inseln. Meine ersten Kontakte mit den menschlichen Kiwis verliefen durchaus erfreulich. Leider musste ich bei etwa jedem zweiten Satz nachfragen, was denn seine Bedeutung sei. Diese Sorte Kiwis verwendete Worte und mir unverständliche Wortgruppen, die ich noch nie in der englischen Sprache vorgefunden hatte. Zum Glück hatte mir mein Bruder als kleines Vorweihnachtsgeschenk ein Wörterbuch mit eben diesen Begriffen mitgegeben. Ich würde lernen müssen.

Gesättigt mit vielen neuen Eindrücken, unter anderem dem ersten Tanken, das wie in Deutschland gehandhabt wurde, ein unerwarteter Stau in Tauranga, einer überraschend großen Stadt, den ersten Maoris mit Gesichtstätowierung, bog ich kurz hinter Opotiki vom Highway direkt in einen Caravan Park ab. Diesmal bekam ich einen Stellplatz mit Strom und Wasser für 17 Dollar. Am Vorabend, in der Nähe von Auckland hatte dasselbe noch 27 Dollar gekostet. Wie es aussah, sollte meine Kalkulation mit zehn bis zwanzig Euro pro Nacht aufgehen. Mit Dollar sind im folgenden Text immer Neuseeländische Dollar gemeint. Zur Zeit meiner Reise war ein Dollar etwa 0,64 Euro wert.

In einer Schachtel Golden Kiwilicious (Früchte) fand ich ein hochinteressantes Hybridbesteck aus Plastik. Auf der einen Seite ein Messer auf der anderen ein Löffel. Alles was man für den Verzehr einer Kiwi (Frucht) unterwegs benötigt. Nicht blöde diese Kiwis (Einwohner).

Ein kurzer Spaziergang zum Pazifik, im Sonnenschein begonnen, endete mit Regen und Sturm.

In tiefster Dunkelheit wurde ich wach. Der Wind hatte sich gelegt, es war sternenklar und elend kalt. Ich war mental auf Sommerurlaub eingerichtet und nicht auf Kälte. Ich entschied mich, trotz der Dunkelheit, aufzustehen und muss zu meiner Schande gestehen, dass ich als erstes die Heizung einschaltete. Ich war noch nicht völlig bereit für das entsagungsreiche Camperleben. Nach zwei Tassen Kaffee und der technischen Versorgung von Ron – Wasser auffüllen, Wasser ablassen, Stromkabel einrollen, Gas abdrehen – dämmerte es, und ich war startklar. Der klare Himmel bedeutete natürlich erst einmal Sonne, und so langsam stellte sich ein erstes Urlaubsgefühl ein. Mit der Linksfahrerei lief es auch so langsam besser, bis ich auf einer sehr engen Serpentinenstrecke an einem Berg auf einmal feststellte, dass ein Auto aus der Kurve heraus direkt auf mich zufuhr. Ich war instinktiv immer weiter rechts gefahren, also auf der falschen Seite. Nach diesem Beinahefrontalzusammenstoß war ich richtig wach. Andere kommen für solche Adrenalin Kicks zum Bungee-Jumping nach Neuseeland. Mir reichte dafür ganz normales Autofahren.

Überhaupt waren meine ersten Eindrücke von den Straßen sehr zufriedenstellend. Die Ausschilderung perfekt, viele gut gekennzeichnete Rastplätze, guter Zustand, an fast jeder Kurve Schilder mit der Angabe der optimal zu fahrenden Geschwindigkeit.

Bei der Vegetation erinnerte mich vieles an Italien. Palmen und riesige, rot blühende Flaschenbürstenbäume, wie ich sie als Strauch am Gargano gesehen hatte, riesige Farne und noch viel mehr subtropische Pflanzen, die ich noch nie gesehen hatte. Die Landschaft war ein Mix aus Norwegen, Toskana und natürlich Pazifikküste. Ein ganz eigener, gelungener, grün hügeliger Mix. Die Häuser und Städte erinnerten mich zuallererst an die USA, vornehmlich so kleine Nester in Montana, wurden sie vorwiegend von Maoris bewohnt, sahen sie mehr aus wie in Kanada.

Höhepunkt des Tages das East Cape. Ein einsamer Leuchtturm am Ende – oder, datumsmäßig betrachtet, am Anfang der Welt. Zu erreichen über eine teilweise sehr schwierige, zwanzig Kilometer lange Gravel Road. Der Aufstieg ging durch einen Regenwald auf liebevoll angelegten und gezählten Holzbohlentreppen. Oben angekommen, was mir einen Muskelkater einbringen sollte, ein grandioser Ausblick auf den Pazifik. Irgendwo auf der anderen Seite des endlosen Wassers lag Chile. Weiter nach Osten konnte man mit dem Wohnmobil auf der Südhalbkugel nicht fahren. Deshalb hieß die neue Richtung und führte bei weiter wunderschönem Wetter vorbei an den Bilderbuchbuchten Tokomaru Bay und Tolaga Bay nach Grisborne.

Beim zweiten Tankstop der Reise fiel einem sehr interessierten Kiwi auf meine Antwort, ich käme aus Deutschland, sofort das Wort Oktoberfest ein. Den Rest seiner Überlegungen zu meiner Heimat verstand ich wieder nicht.

Ohne es zu ahnen, hatte ich dort auch vorerst das letzte Mal den Pazifik gesehen, denn bis Waiora bemühte sich der Pacific Coast Highway nicht mehr an die Küste. Die ersten Eindrücke waren aber auch genug. Mehr konnte ich im Moment nicht verarbeiten.

In Waiora verließ ich den Pacific Coast Highway, um auf die 38 in den Te Urewera Nationalpark abzubiegen. Die letzten dreißig – gefühlt endlosen – Kilometer bis Waikaremoana, einem wie ein Vulkansee aussehenden, aber durch einen Erdrutsch entstandenen, großen See, waren knallharte Gravel Road, wie ich sie aus Kanada und Alaska kannte. Das hatte es auch im Verlauf des Tages schon gegeben – aber nicht so lange Abschnitte. Ich war nicht so recht auf Gravel Roads vorbereitet, da ich noch keine von der Mietfirma verbotene Straße befahren hatte.

Der liebevoll, für jede denkbare Art der Übernachtung eingerichtete Zeltplatz, mit Kabinen, Stellplätzen für Zelte, Camper und Caravans direkt am See kostete ohne Wasseranschluss 15 Dollar bar auf die Hand. Das Bare aber nur deshalb, weil das Büro schon geschlossen hatte und erst um acht wieder öffnen würde. So lange wollte ich nicht warten. Die Regel aus den USA, dass bei bar zu bezahlenden Plätzen äußerste Vorsicht geboten war, schien sich in Neuseeland nicht zu bestätigen. Ein bedeutender Unterschied, der sehr für die Kiwis sprach.

Nebel wallten über dem Waikaremoana Lake, und aus dem umliegenden bergigen Regenwald dampfte es. In der Nacht hatte es mächtig geregnet. Nun wurde mir auch der Sinn der Gravel Road klar. Sie war trotz der Niederschläge in gutem Zustand. Bei genauerem Studium war sie auch in der Karte genau so ausgewiesen. Ich hätte nicht überrascht sein sollen. Aber Gravel bleibt Gravel und ist für ein Wohnmobil nicht gerade der ideale Untergrund. Für die reichlich siebzig Kilometer bis Te Whaiti benötigte ich fast vier Stunden, wurde dabei aber durch die abenteuerliche Fahrt durch den Regenwald entschädigt. Es ging steile Berge hinauf und hinunter, teilweise eng am Abgrund entlang. Zum Glück war ich völlig allein unterwegs. Ich erwartete mit der Zeit kaum noch Gegenverkehr und war mir nicht sicher, wie schnell ich reagiert hätte, wenn doch etwas entgegengekommen wäre.

Bei den Fotostopps umfing mich völlige Stille, nur von exotischen Vogelstimmen unterbrochen. Die Luft war von Feuchtigkeit gesättigt und roch intensiv nach Urwald. Natur pur.

Von Murupara bis Wai-O-Tapu dann eine gänzlich neue Erfahrung auf Neuseelands Straßen. Sechzig Kilometer fast ohne Kurve. Ich war schon in dem festen Glauben gewesen, so etwas gäbe es nicht. Ich gab mal so richtig Gas und stellte fest, dass man mit Ron auch 120 fahren konnte. Von Polizei weit und breit glücklicherweise nichts zu sehen, denn ich war damit 30 km/h zu schnell gewesen. Für Wohnmobile waren maximal 90 km/h erlaubt und so eine Geschwindigkeitsüberschreitung hätte einige Dollar gekostet. Aber die Ordnungshüter waren mir bisher nur äußerst selten aufgefallen. Und wenn, dann hielten sie sich souverän zurück, wie zu Beginn der Reise in Auckland, als ich direkt vor einem Polizeiwagen unerlaubt wendete. Entweder es interessierte sie nicht, oder ich hatte den Touristenbonus.

Im Wai-O-Tapu Thermal Wonderland gab es zuerst einen kleinen, blubbernden Schlammtümpel. Wenig beeindruckend. Dann kam die Einfahrt zum eigentlichen Vulkangebiet. Ein

Guide am Parkplatz schickte mich zuerst zur Kasse und meinte, ich solle dann schnell zum etwas abseits gelegenen Lady Knox Geysir fahren. Ich verstand nicht so recht seine für Kiwis völlig untypische Aufgeregtheit, tat aber wie geheißen. Bei der Lady angekommen, lief gerade die Ansage zum Ausbruch. Wie ich später erfuhr, bricht der Geysir jeden Tag genau einmal um 10.15 Uhr aus. Ich war pünktlich zur Stelle. Das Schauspiel dauerte etwa eine Minute, und der Strahl erreichte vielleicht zehn Meter Höhe. Maximal waren schon zwanzig gemessen worden. Nicht ganz so bedeutend wie der Kollege Old Faithful im Yellowstone, aber für eine Lady durchaus ausreichend.

Wirklich gut waren dann die Attraktionen im sehr gepflegten Park. Da gab es etwa Devil's Home, den Rainbow Crater und den Thunder Crater, Devil's Ink Pots, den Opal Pool, den Oyster Pool oder die Bridal Veil Falls. Herrliche Namen für die Ausgeburten der Hölle. Herausragend war der Champagne Pool, eine dampfende Quelle mit einen Durchmesser von 65 Metern. Diese leuchtete in orange (Antimonsulfide), grün (Arsensulfide), purpurn (Mangan), rot (Eisenoxid) und natürlich gelb (Schwefel), um mal wieder die Chemiekenntnisse aufzufrischen. Seinen Namen erhielt die Quelle von perlenförmig aufsteigendem Kohlendioxid. Im Wasser selbst ist weiterhin noch Gold, Silber, Antimon und Quecksilber enthalten. Für meinen Geschmack ein ganz übles Gesöff. Über dem ganzen Gebiet – besonders konzentriert beim Champagne Pool – hing ein eindringlicher Schwefelgeruch. Vielfach mit dem fauler Eier beschrieben, aber ich empfand das nicht als unangenehm. Mit viel Zeit zum Fotografieren war der Rundgang nach zwei Stunden vorbei. Alles deutlich kleiner als im Yellowstone, aber Neuseeland ist ja auch viel kleiner als die USA. Ein gelungener Auftakt zu den vulkanischen Entdeckungen.

Etwa zehn Kilometer weiter lagen im Waikite Valley die Hot Pools. Ein Thermalbad mit angrenzendem Campingplatz. Für zwanzig Dollar war die Nutzung der verschieden warmen Pools inklusive. Auch gab es eine Waschmaschine, und ich widmete den Nachmittag der Wiederherstellung von Kleidung und Körper. Schließlich hatte ich mir nach den letzten Tagen etwas Ruhe verdient. Den von der Lufthansa gestohlenen Tag hatte ich wieder hereingeholt, und der Urlaub konnte jetzt so richtig beginnen.

Die Sonne, die diesmal ohne nasse Unterbrechungen zugegen war, tat ihr übriges, und obwohl ich versucht hatte aufzupassen, war ein ganz ordentlicher Sonnenbrand zu verzeichnen. Das hatte ich Anfang Dezember auch noch nie gehabt.

Das Waikite Valley war in dicken Nebel gehüllt, der von den Thermalquellen erzeugt wurde. Aber sobald ich aus dem Tal heraus und auf dem Thermal Explorer Highway in Richtung Rotorua unterwegs war: strahlender Sonnenschein. Eigentlich schön, doch ich wusste, wenn ich nicht schnell Sonnenschutzcreme bekommen würde, wäre die Sonne den ganzen Tag mein Feind.

Auf dem Parkplatz vor dem Waimangu volcanic valley – „The World's youngest geothermal area“ – hatte ich noch eine Stunde Zeit bis zur Öffnung. Diese nutzte ich, um mir das Bedienungshandbuch von Ron genauer anzusehen. Zwei Tage lang hatten mich die ABS- und die ESP-Warnlampe genervt, dann waren sie von allein wieder ausgegangen, worauf ich insgeheim gehofft hatte. Eine Erklärung fand sich im Handbuch natürlich nicht. Nur der Hinweis, dringend jemanden aufzusuchen, der sich mit so etwas auskennt. Dazu hatte ich keine Lust und instinktiv das Richtige getan. Einfach ignorieren. Im besten Falle gehen solche Lampen von allein wieder aus. Wahrscheinlich ein verschmutzter Sensor. Warum die Verschmutzung ausgerechnet auf der Gravel Road verschwand, blieb das Geheimnis des Sensors.

Weiterhin nutzte ich die Zeit, um den Stand aller fahrzeugbezogenen Flüssigkeiten zu checken. Gudrun hatte mich darauf hingewiesen, dass ich verpflichtet sei, alle zweitausend Kilometer den Ölstand, Bremsflüssigkeit und so weiter zu überprüfen. Ich hatte sie völlig entgeistert angesehen aber nichts weiter dazu gesagt. Viel Vertrauen hatten sie offenbar nicht zu ihren Fahrzeugen. Ich wurde auch vor geplatzten Reifen gewarnt, was ich auch nicht so recht verstand. Ich war mit einem vergleichbaren RV (amerikanisch für Wohnmobil) in Nordamerika dreißigtausend Kilometer gefahren, ohne dass ich mehr für das Fahrzeug getan hätte als zu tanken, und die Reifen hatten sich nicht die Spur abgenutzt, was ganz sicher nicht daran lag, dass ich nur auf feinstem Asphalt gefahren wäre.

An der Kasse des Vulkantales bekam ich zum Glück den benötigten Sonnenschutz, und ich konnte munter losmarschieren. Der Weg sollte ohne Rückweg etwa anderthalb Stunden dauern und eine Rückfahrt per Shuttle Bus möglich sein. Die Buschlandschaft war gewissermaßen nagelneu – nach dem 10. Juni 1889 entstanden, als die Krater des Waimangu Tales zum letzten Mal ausgebrochen waren. Also vor einigen Minuten, erdzeitlich betrachtet. Trotz dieser kurzen Zeit fand ich alles gut wieder zugewachsen – so sehr sogar, dass zwei Männer mit sehr lauten Motorsensen die Wege freihauen mussten. Sonst wäre es wunderbar still gewesen, da ich zwei Busladungen Touristen sehr schnell hinter mir gelassen hatte und ganz für mich allein in den Kratern unterwegs war. Den ersten empfand ich zwar reichlich groß, aber farblich wenig überzeugend. Ziel und Höhepunkt war für mich der Inferno Crater. Ein wunderbar türkisfarbener See, eingerahmt von weißen Silikatablagerungen, leicht überdampft. Ich nutzte mein Alleinsein, um trotz massiver Warnungen die Absperrung zu überklettern und den Fotostandpunkt deutlich zu verbessern. Der weitere Verlauf des Weges, meist durch tropischen Wald, war als nett zu bezeichnen. Zu erwähnen sind noch die Marmorterrassen, die aus rosa und weißen Silikatablagerungen gebildet wurden und der Regenbogenkrater.

Um den am Ende des Tales liegenden Lake Rotomahana zu erreichen, musste ich auf den Bus warten, da ein Stück des Weges gesperrt war. Ich hatte nicht genau verstanden, ob wegen aktueller Ausbrüche oder wegen Mäharbeiten. Im Bus traf ich auf eine Reisegruppe älterer Damen und Herren, von denen mich einer mit grauem Pferdeschwanz auch gleich ansprach: „Für diesen Bus benötigst du einen amerikanischen Pass."

„Geht ein deutscher auch?", fragte ich zurück.

„Ist auch okay, ist immerhin in der NATO", meinte er grinsend.

Ich verwies noch zusätzlich auf mein T-Shirt vom Denali Nationalpark und das genügte dann, um mit dieser amerikanischen Truppe den Bus nutzen zu können. Eine Frau erzählte mir, dass sie letztes Jahr in Berlin, Leipzig und Dresden gewesen war. Am meisten hatte sie beeindruckt, wie schön Dresden wieder aufgebaut worden war. Das hatte ich in den USA ja auch öfter gehört. Ich hatte wieder einmal den Eindruck, dass es den Amis nicht so ganz gleichgültig war, was sie und die Briten mit Dresden einmal angestellt hatten.

Ich fand die Auswahl der Städte, die die Frau besucht hatte höchst interessant, da doch zumindest München fehlte, konnte aber nicht weiter nachfragen, da wir am See angekommen waren. Zurück fuhr ich mit einer japanischen Reisegruppe und war heilfroh, als wir das Visitor Center erreicht hatten und ich allein weiterfahren konnte.

Nächste Station war direkt in der Stadt Rotorua das Te Puia Maori Arts and Crafts Institute, in dem unter anderem der Pohutu Geysir zu besichtigen war. Der Mann an der Kasse konnte sehr überzeugend darstellen, dass dieser Park deutlich besser, größer und interessanter sei als das Whakarewarewa Thermal Valley, das ich eigentlich auf meinem Plan, aber nicht gleich gefunden hatte. Da der Weg zur Kasse schon recht lang gewesen war und die Sonne brannte, bekam er also die Dollars. Gelohnt hat es sich auf jeden Fall, da in einem kleinen, etwas abseits gelegenen Haus zwei echte, lebende Kiwis zu besichtigen waren. In diesem Falle die Vögel. Der Raum war fast gänzlich dunkel und nach längerem Hinsehen konnte man tatsächlich zwei dieser putzigen Tiere beim Herumstochern im Boden beobachten. Es waren die erwarteten Federkugeln, die auf Entenfüßen watschelten und unentwegt den überproportional langen Schnabel im Einsatz hatten. Das alles in – wie ich hoffte – artgerechter Umgebung mit Bäumen, Sträuchern, Erde und Blättern zum Draufrumpicken. Im schwül warmen Raum hatte strengste Ruhe zu herrschen und Fotografieren war unerbittlich und kameraüberwacht untersagt. Zumindest war für mich der Beweis erbracht, dass es die sagenhaften Vögel tatsächlich gibt.

Draußen konnte mich das Geblubber und Gedampfe nur noch wenig begeistern. Es war zu warm geworden. Am interessantesten war noch der Kochteich, in dem offensichtlich auch aktuell Speisen im Vulkanwasser zubereitet wurden. Mir war bewusst, dass ich dem weltberühmten Pohutu Geysir, der immerhin eine Höhe von bis zu dreißig Metern erreichen konnte, nicht die gebührende Aufmerksamkeit widmete, aber ich fand den Park insgesamt zu steril angelegt, und seine Lage mitten in der Stadt machte es nicht besser. Besser gefiel mir der Shop, der angenehm gekühlt und mit anspruchsvollen Artikeln der Maori Kultur bestückt war. Ich erwarb zur Pflege meiner gequälten Haut einige spezielle Honigsalben.

Da ich nun schon mal in der Gegend war, fuhr ich abschließend noch zu dem etwas außerhalb gelegenen Hells Gate. Angekündigt als „The Beast of all Geothermal Parks“ mit dem Nebensatz „Feel the Raw Power of earth’s volcanic forces in Rotorua’s most active geothermal field“. Ich hätte mir die dreißig Dollar sparen sollen. War zwar alles ganz nett, auch der schon an der Kasse eindringlich beworbene einzige und damit höchste Warmwasserfall (38 °C) der südlichen Hemisphäre, aber ich fand die knallharte Kraft der Sonne der Südhalbkugel langsam unerträglich. Auch der ständige Schwefelgeruch bereitete mir nun doch so langsam Unbehagen. Ich hatte vorerst genug von der Hölle im grünen Paradies.

Am Nordende des Lake Rotorua glaubte ich dann meinen geschwefelten Augen nicht mehr. Hatte eine Schwefelvergiftung Auswirkungen auf das farbliche Sehvermögen oder ich einen Sonnenstich? Auf jeden Fall schwammen auf dem See Schwäne. Aber die hatten auch viel zu viel Sonne bekommen. Sie waren schwarz. Oder sind Schwäne auf der Südhalbkugel schwarz, so wie im Winter Sommer ist? Ich brauchte eine Pause.

In Waiteti fand ich den bisher besten Stellplatz im Holiday Park. Ein Platz, bei dem ich zunächst Angst hatte, nicht durch die Einfahrt zu kommen. Überhaupt kam ich mir mit meinem Vier-Bett-Luxus-Mobil langsam etwas überdimensioniert für neuseeländische Verhältnisse vor. Michael, der Inhaber des Parks, wies mich in den perfekten und komplett, mit eigenem Bootssteg, ausgestatteten Platz ein und meinte dazu nur, er fahre einen zwanzig Meter Bus. Womit wir wieder bei US-Verhältnissen waren und mein Camper eher ein ganz kleiner. Alles relativ. Sein Angebot, doch von meinem Bootssteg aus noch eine kleine Kajaktour zu machen, lehnte ich dankend ab. Ich musste mich dringend entschwefeln.

Kiwis schienen Frühaufsteher zu sein. In Rotorua war schon einiges unterwegs, und weiter auf dem Thermal Explorer Highway Richtung Taupo hätte ich beinahe einen schweren Unfall verursacht. An einer schönen Fotostelle hielt ich ohne große Überlegungen recht heftig auf dem Standstreifen an. Den Truck, der mir entgegenkam, hatte ich gesehen, dass hinter mir aber auch ein Auto fuhr, nicht so recht registriert. Zum Glück passten alle anderen auf, und nur der Truck hupte böse. Zu recht. Ich war eben nicht auf irgendwelchen einsamen amerikanischen

Highways unterwegs.

Etwas vor Taupo wurde an der Straße großartig mit ganz offiziellen Schildern die Geothermal Area angekündigt – mit Cafébetrieb. Prima, dachte ich, erst etwas Bildung und Bewegung, dann ein Frühstück. Der Weg war recht eng und endete an einem alternativ aussehenden Haus mit Terrasse mitten im Grünen. Ein Spielplatz und ein Tiergehege waren zu sehen. An der Tür zum Gastraum keinerlei Hinweis auf eine Öffnungszeit. Ringsum Stille. Nur die Tiere machten ihre Geräusche. Am beeindruckendsten und lautesten fünf Pfaue. Diese schlugen sogar recht schnell ihr Gefieder für mich auf. Ein Anblick, den ich seit meiner Kindheit nicht mehr gesehen hatte.

Nach einer Weile kam ein Mate angeschlurft. Ein Mate ist auf Neuseeländisch ein Kumpel oder Kunde. Quasi jeder – auch ich wurde schon so angeredet. Bei diesem Exemplar fand ich das Wort passend. Ein sehr männlich wirkender Typ Überlebenskünstler, der Wichtigeres zu tun hatte, als sich um sich zu kümmern. Er erklärte mir auch sofort, dass er hier draußen genau das richtige Leben für sich gefunden habe. Eine Stadt, am Ende gar Auckland, käme für ihn nicht in Frage.

Das mit dem Café könne noch etwas dauern, erklärte er weiter. Der Besitzer sei noch nicht da und ihm gäbe er den Schlüssel zum Café nicht. Den Rundgang könne ich aber durchaus schon alleine machen. Würde etwa eine halbe Stunde dauern und sehr schön sein. Ich dachte mir so meinen Teil, meinte aber, ich würde warten. Ich wartete, sah mir die Pfauen, Hühner, Lamas, Schafe und einen Hasen an und wartete. Nach etwa einer Stunde wurde mir das zu dumm und ich machte mich auf den Rundweg. Dieser war zwar durchaus liebevoll angelegt, bot aber sehr wenige geothermale Aktivitäten. Es rauchte, dampfte und blubberte ein bisschen, und das war es dann. Es roch noch nicht einmal richtig nach Schwefel.

Zurück im Café begrüßte mich freudig der eingetroffene Besitzer mit warmen deutschen Worten. Ich fand ihn zumindest interessant. Das weitere wurde dann auf Englisch geredet. Er goss für sich und mich einen großen Pott Filterkaffee ein und zeigte mir dabei strahlend in einer alten, abgegriffenen Zeitschrift sein Hobby. Ich hatte ihm gesagt, dass ich für die Autoindustrie arbeite, und er meinte darauf, er baue ein Auto. Wohlgemerkt: eins. Seinen eigenen Oldtimer. Laut der Zeitschrift konnte man sich die Einzelteile als Bausätze bestellen und irgendwann wurde dann ein Auto daraus. Er sei schon recht weit.

Ich aß zu dem Kaffee ein Stück Rosinenkuchen, der mich sehr an den heimischen Stollen erinnerte. Kurz wurde mir bewusst, dass bald Weihnachten ist. Ich konnte das mit den gerade so richtig in Fahrt kommenden Sommerurlaubsgefühlen nicht so recht in Einklang bringen. Ebenfalls nicht ganz im Gleichgewicht waren dann die Preisvorstellungen, die der Autobauer hatte. Zehn Dollar für den überschaubaren Rundweg und noch einmal acht für Kaffee und Kuchen erschienen mir recht reichlich. Ich gab sie ihm, weil es mir irgendwie gefallen hatte in seinem Reich.

Vor dem Volcanic Activity Centre drehte ich gleich wieder um. Das machte zu sehr einen Eindruck von Rummelplatzschaubude auf mich. Sorry, wenn ich da jemanden beleidigen sollte. Genauer angesehen habe ich es mir nicht. Auch die wahrscheinlich beeindruckendsten, türkisfarbenen Kaltwasserfälle der südlichen Hemisphäre, die Huka Falls, sah ich mir nur von weitem an. Ich war, nicht ganz zu Unrecht, etwas misstrauisch gegenüber den hochstapelnden Ankündigungen geworden.

Schon eher ihrem Namen gerecht wurden die Craters of the Moon. Obwohl für den Mond erstaunlich gut bewachsen, kamen die dampfenden, fauchenden und natürlich blubbernden Löcher meiner Vorstellung vom Erdtrabanten recht nahe. Der etwa einstündige Rundweg hielt was er versprach und war mit sechs Dollar dann auch schon fast ein Schnäppchen.

Eine interessante Episode hatte sich an der Kasse abgespielt. Die Frau hatte mich gefragt, wo ich herkäme und auf das „Germany“ freudig erwidert: „Oh, diese Lady da auch.“ Ich schaute zu der Lady, die hinzufügte: „From Berlin, but here are to many Germans.“ Als ich darauf noch ergänzte, dass nach meinem Eindruck in etwa die Hälfte der deutschen Bevölkerung derzeit in Neuseeland sei, war die Kassiererin recht enttäuscht. Sie hatte sich wohl größere Begeisterung über das Treffen mit einer Landsmännin erhofft. Dass sich – meiner Erfahrung nach – Deutsche im Ausland nicht ausstehen können, war ihr unbekannt. Ich dachte auf dem Rundweg darüber nach. Aus meiner Sicht war es einfach so, dass ich nicht den ganzen Ärger und die Anstrengungen auf mich genommen hatte, nur um mich dann doch wieder mit der Spezies der Deutschen auseinandersetzen zu müssen. Oder wollte ich es einfach nicht wahrhaben, dass nun wirklich schon fast jeder einmal in Neuseeland gewesen war? Egal.

Kurz vor Taupo war zum ersten Mal der Mount Tongariro zu sehen. Sogar fast ohne Wolken. Einige Rauchsäulen stiegen von ihm auf. Ich konnte nicht einschätzen, inwieweit er gefährlich werden und wann er erneut ausbrechen könnte.

Etwa auf halber Strecke um den Lake Taupo, dem größten See Neuseelands, fand ich in Motutere einen Stellplatz direkt am See. Der Besitzer meinte, ich käme genau richtig, könne mir einen Platz aussuchen und, wenn es mir nicht zu kalt wäre, auch baden gehen. Die Sonne dazu schien prächtig. Zu prächtig für meinen Geschmack. Ich musste es langsam angehen lassen und gönnte mir stattdessen ein Schläfchen. Einziger Wermutstropfen des schönen Platzes: Der Highway 1, die Nord-Süd-Achse des Landes, führte auch nur einige Meter entfernt vorbei. Und auf dieser waren viele mit Stämmen beladene Trucks, für meinen Geschmack zu schnell, unterwegs. Man kann nicht alles haben.

Unterwegs in Turangi ergänzte ich meine Vorräte. Ich hatte gemerkt, dass es in den kleinen Orten wenige bis gar keine Möglichkeiten zum Einkaufen gab. Da musste man immer auf eine Stadt warten. Wie sich die Bewohner dazwischen versorgten, war mir noch nicht ganz klar geworden.

Nächstes Ziel war der Tongariro National Park. Genau der Park, in dem der Mount Tongariro kurz vor Beginn meiner Reise ausgebrochen war. Ich hatte mir vorgenommen, zumindest nachzufragen, was ein Rundflug über den Vulkan kosten würde. Es gab auch einen Wanderweg über den Vulkan, doch dazu würde mir die Zeit fehlen. Dafür war ein kompletter Tag erforderlich.

Die Mountain Air Scenic Flights waren schnell gefunden, und der Herr, der mich freundlich begrüßte, machte auch sofort auf mich den Eindruck, ein guter, vertrauenswürdiger Pilot zu sein. Leider waren wir uns sofort einig, dass bei dem Wetter kein Flug stattfinden könne. Der Mount Tongariro war in dicke Wolken gehüllt. Da mich aber die Preise interessierten, meinte ich, dass sich das Wetter ja oft recht schnell ändere. Vielleicht wäre es ja am Nachmittag besser. Bereitwillig ging der Pilot darauf ein und erläuterte mir ausführlich seine Angebote. Da gab es den einfachen Flug einmal um den Tongariro herum. Fünfzehn Minuten für 115 Dollar. Zusammen mit dem Mount Ngauruhoe wären es 175 Dollar für fünfundzwanzig Minuten. Empfehlen würde er aber den gern genommenen Volcanic Explorer Flug, bei dem noch der Mount Ruapehu – einschließlich Blick in den Krater – dazukäme und das Überfliegen zweier Herr-der-Ringe-Drehorte. Insgesamt fünfunddreißig Minuten Flug für immerhin schon 220 Dollar. Gereizt hätte mich das auf jeden Fall, allein das Wetter wollte es nicht.

Leider verstand ich wieder höchstens die Hälfte von dem, was er mir erzählte. Wir konnten uns jedoch darauf verständigen, dass wir beide keine Herr-der-Ringe-Fans waren und ich es ja auf der Rückfahrt noch einmal probieren könne. Leicht enttäuscht fuhr ich den Berg trotzdem bis zum Wakapapa Skigebiet, um wenigstens einen kleinen Eindruck von so einem richtigen Vulkan zu bekommen. Die Wolken wurden immer dichter, und ich fuhr mitten in sie hinein. Blieb mir nur, die bizarren Formen der Basaltsteine zu bewundern und in der Ski-Hütte einen Kaffee zu trinken. Die Aussicht dabei war gleich null, aber dafür lernte ich ein völlig neues Bestellsystem kennen. Ich wählte meinen Kaffee an der Theke und bezahlte. Als Gegenwert bekam ich dafür ein schwarzes, elektronisches Gerät – etwa vom Durchmesser einer CD, einen Zentimeter dick – ausgehändigt. Dieses Wunderwerk der Technik sollte mir mitteilen, wann mein Kaffee fertig sein würde. Mit mir waren acht andere Gäste anwesend, der Betrieb für deutlich mehr ausgelegt. Lange Zeit zeigte das Gerät die Zahl 28 an. Später wechselte die Zahl auf Lo dann wieder auf 28. Ich war mir nicht ganz schlüssig, was ich davon halten sollte, sah aber, dass die Kaffeezubereitung recht langwierig war. Auch in Neuseeland wurden überall diese aufwendigen italienischen Kaffeezubereiter eingesetzt. Um diese Prozedur zu umgehen, hatte ich extra Kaffee Americano – mit etwas Glück normalen Filterkaffee – bestellt. Es half nichts. Ich musste abwarten, wie der Reihe nach bei meinen Mitwartenden diese Scheiben zu piepen anfingen.

Ich nutzte die Warterei, um mir zu überlegen, wie der Tag weitergehen sollte. Mit den Vulkanen wurde es ja nun nichts. Auch eine spontane Wanderung konnte ich ausschließen, da man mir im Visitor Center gesagt hatte, dass es am Nachmittag regnen würde. Zu sehen gab es sowieso nichts.

Ich fuhr weiter nach Süden, der Hauptstadt Wellington entgegen. Zunächst um den Tongariro Nationalpark herum, immer in der Hoffnung, dass die Wolken sich doch noch lichten würden, dann direkt über Feilding und Palmerston North nach Woodville. Dabei änderte sich die Landschaft merklich. Die Hügel wurden kleiner und sanfter, bis hin zu ebenem Farmland. Die Straßen wurden geradliniger und damit schneller befahrbar. Auch die Vegetation nahm immer mehr gewohnten mitteleuropäischen Charakter an. Sogar Birken fielen mir auf. Kurz vor Woodville querte die Straße in einer zehn Kilometer langen, engen Schlucht den südlichen Bergrücken der Nordinsel.

Hinter Woodville fand ich einen kleinen, diesmal abseits der Straße gelegenen Platz. Dort standen die Campingfreunde rund um das Haus der Besitzer und einen sehr gepflegten Rasen herum aufgereiht. Es waren auch auf der sehr weitläufigen Rasenfläche Strom- und Wasseranschlüsse zur Nutzung vorhanden, aber es hatte sich bisher niemand getraut, das wunderschöne Grün mit Reifenspuren zu verschandeln. Ich traute mich auch nicht.

Der Rest des Weges bis Wellington war schnell erledigt. Meist gerade Strecke durch Farmland. Nur zwischen Featherston und Upper Hutt wurde es noch einmal interessant, als die Straße in vielen Kurven noch einmal den südlichen Bergrücken überquerte. In Lower Hutt – etwa zehn Kilometer vor Wellington – fand ich dann völlig problemlos den Top 10 Holiday Park. Er war wirklich perfekt ausgeschildert. Allerdings mit 32 Dollar auch der bisher teuerste. Andererseits wurde für das Geld auch Komplettservice mit Grillplatz, diversen Spielplätzen, Internet, Fernsehraum und so weiter geboten. Auch eine Busverbindung nach Wellington gab es.

Die nutzte ich umgehend. Nach knapp einer Woche auf der Straße war das Eingesperrtsein im Bus auf einem engen Sitz, umgeben von viel zu vielen fremden Menschen, etwas anstrengend für mich. Auf halber Strecke der etwa einstündigen Fahrt setzte sich noch ein alter Mann neben mich, der sehr nach sich selber roch. Ich stieg eher als beabsichtigt aus und landete in einem hektischen Inferno. Die Stadt explodierte förmlich vor Aktivität, Geschäftigkeit und Lärm. Es waren zu viele Menschen, zu viel Verkehr, zu viele Geräusche in zu engen Häuserschluchten. Eine Kakophonie, die nach Abgasen stank. Es entsprach nicht so ganz meiner Vorstellung von Neuseeland. Verzweifelt suchte ich Unterschlupf und Stärkung bei Mc Donalds. Viel leiser war es dort auch nicht. Eher schon auf dem Weg zur Uferpromenade. Aber auch dort wimmelte es vor hyperaktiven Menschen, die allen möglichen wichtigen Dingen nachgingen.

Auf der Suche nach der Cable Car Station verlief ich mich. Das war das erste Mal, dass in Neuseeland etwas nicht perfekt ausgeschildert war. Mit der Kabelbahn ging es dann den Berg hinauf zum botanischen Garten, von dem es einen guten Ausblick über die Stadt gab. Nach einem Blick auf das Parlament, das im Volksmund Bienenstock genannt wird und auch genau so aussah, hatte ich genug von der Hauptstadt gesehen. Sie war nicht ganz so mein Fall. Schnell fand ich eine passende Bushaltestelle und musste auch nur wenige Minuten warten. Das hatte ich mir deutlich komplizierter vorgestellt.

Auf dem Rückweg zum Holiday Park sah ich auf einem Parkplatz ein ganz besonders herausgeputztes Auto. In Anspielung an Rudolph the Rednose, das Rentier, das den Schlitten vom Weihnachtsmann zieht, waren an den Fenstern, ähnlich wie die Fahnen zur Fußball WM, Geweihe befestigt und auf den Kühlergrill eine rote Nase gepappt. Ich hatte das schon öfters im Vorbeifahren gesehen. Jeder feiert Weihnachten eben auf seine Weise. Ich konnte mir durchaus vorstellen, dass diese Idee auch in Deutschland ihre Liebhaber finden würde. Das mit den Fahnen am Auto, um Fußballgroßereignisse gebührend zu würdigen und die eigene Mannschaft zu unterstützen, hatte sich ja auch erstaunlich schnell durchgesetzt. Und Weihnachten ist jedes Jahr.

Mir fiel es nur immer schwerer, bei Dauersonne und Temperaturen deutlich über zwanzig Grad auch nur eine Spur von Vorweihnachtsstimmung zu entwickeln. Meine Stimmung neigte eher in Richtung einer ausgiebigen, erfrischenden Dusche. Unter derselben angekommen und den Hahn aufgedreht, passierte nichts. Kein Wasser. Auf dem ganzen supertollen Nobelzeltplatz nicht. Offensichtlich hatte Wellington, wie jede andere Hauptstadt auch, so ihre Probleme.

Über die Cook Strait ließ ich mich zur Abwechslung einmal fahren. Etwa zwei Stunden vor Abfahrt der Fähre traf ich am Terminal ein. Was keineswegs zu früh war, da das Beladen gerade begann. So hatte ich den Vorteil, als einer der ersten Passagiere die Räumlichkeiten für die nächsten Stunden zu erkunden. Zwanzig Minuten vor der angegebenen Zeit verließ das Schiff die hektische Hauptstadt in Richtung Südinsel. Zu knapp sollte man also seine Ankunft zur Abfahrt nicht planen. Es könnte sonst sein, man sieht die Fähre nur noch von hinten.

Das erste Stück der Fahrt verlief recht angenehm, doch die heftigen Winde bei der Querung der Cook Strait, sozusagen auf hoher See, kosteten mich zuerst die Schutzkappe des Objektives, später musste ich mich ins Panoramadeck zurückziehen und ganz fest den Horizont fixieren, da mein Magen begann, verrückt zu spielen. Das hielt bis zum Tory Channel, einem langgezogenen Fjord, in dem sich die See wieder beruhigte, an. Zum Glück hatte ich an Bord nur einen Muffin gegessen.

Die Fahrt im Fjord – etwa eine Stunde – erinnerte mich stark an die Einfahrt der Fähre nach Oslo. In jeder türkisfarben leuchtenden Bucht war ein Haus an den Hang oder ans Ufer geklebt. Nur vom Wasser aus zu erreichen. Nach dreieinhalb Stunden erreichte die Fähre Picton, und ich rollte erleichtert auf den festen Boden der Südinsel. Etwa bis Blenheim blieb die Kolonne von der Fähre zusammen, dann verteilte sie sich auf verschiedene Straßen.

War die Vegetation im Fjord noch gewohnt üppig und grün gewesen, änderte sich das nun schlagartig. Die Hügelketten waren zum größten Teil mit trockener, gelbbrauner Prärie bedeckt, über die, wie es sich für eine richtige Prärie gehört, ein ordentlicher Wind pfiff. Im Gegensatz zur grünen Nordinsel schien es hier schon länger nicht geregnet zu haben. Inmitten der Prärie gab es immer wieder weit ausgedehnte Weinplantagen – Weinberge wäre das falsche Wort, so dass natürlich auch Parallelen zum italienischen Süden erkennbar waren.

Aus dem Lake Grassmere, einem Salzsee, wurde industriell Salz abgebaut. Kurz danach erinnerte mich der Lake Elterwater an einen Präriesee in Montana. Bei Wharanui erreichte der Highway 1 dann die Pazifikküste während auf der anderen Seite schneebedeckte Berge emporwuchsen.

Um das noch etwas kürzer zusammenzufassen: Auf einer Strecke von zweihundert Kilometern gab es das tobende Meer, einen langgezogenen Fjord, liebliches italienisches Weinland, raue amerikanische Prärie, Pazifikküste und schneebedeckte Berge. Ein Komplettangebot an landschaftlichen Höhepunkten.

Um das etwas zu verarbeiten, gönnte ich mir in Kekerengu in einem wunderschön gelegenen und sehr gepflegt eingerichteten Restaurant am Strand ein Eis. Man hätte dort auch sehr gut richtig speisen können, doch dazu war mein Magen noch nicht wieder in der richtigen Verfassung. Der Ort – auf der Landkarte angegeben – bestand nur aus diesem Restaurant. So langsam begann die Einsamkeit der Südinsel, auf die ich mich gefreut hatte. Auch der Verkehr hatte deutlich abgenommen.

Am Ohau Point räkelte sich eine Robbenkolonie in der Sonne oder planschte im Meer. Etwas außerhalb von Kaikoura besuchte ich eine Lavendelfarm. Ich hatte die blauen Pflanzen zwar schon auf Fotos, aber noch nie in natura gesehen. Angeschlossen an den perfekt gepflegten, parkartigen Garten war ein liebevoll eingerichteter, kleiner Laden mit allen denkbaren Pflegeprodukten, Honig und Marmeladen aus Lavendelblüten. Die Besitzerin erzählte mir, dass sie aus Holland hierher gekommen sei, wir also quasi Nachbarn seien. Ich schloss mal jeden Gedanken an fußballerische Rivalitäten aus und stimmte ihr freudig zu.

Kaikoura selbst, die Stadt des Whale Watching, Delphin Schwimmens und Hummer Essens, war mir zu überlaufen und zu touristisch angelegt, um mich länger dort aufzuhalten. Ich hielt an einer Bakery, um ein Brot zu kaufen, wurde aber enttäuscht. Es stand eben Bakery an dem Laden und nicht Bäckerei. Es gab nur weißes, luftiges Toastbrot, an dem ich zur Enttäuschung der Bedienung kein Interesse zeigte. Ich hatte schon dunkles Brot gekauft, das allerdings auch fast so weich und fluffig wie Toastbrot war. Der Bäcker aus Österreich, der mit mir in Frankfurt gestrandet war, bediente also eine Marktlücke. Ich würde versuchen, seine European Bakery in Queenstown zu finden.

Ein Stück weiter in Peketa fand ich einen Platz direkt am Pazifik. Auf der einen Seite die Meeresbrandung auf der anderen der Blick auf die schneebedeckten Berge. Perfekt. Perfekt eigentlich auch zum Baden gehen. Doch wie auf der nordwestlichen Seite des Pazifiks hatte ich bisher nur einige einsame Surfer in Neopren Anzügen im Wasser gesehen. Ich fragte einen Mann nach dem Grund. Ob es etwa gefährlich sei? Ich erinnerte mich dabei an eine Unterhaltung auf Arbeit, dass Haie sich nichts aus Menschenfleisch machen. Sie würden nur einmal zubeißen, um festzustellen, dass das ein Mensch ist und nicht schmeckt. Es kam dabei nur darauf an, wie viel gekostet wurde, ob man nachher noch alle Extremitäten haben würde. Der Mann lachte und meinte, es sei völlig ungefährlich, einfach nur kalt. Er sei gerade erst beim Delphin-Schwimmen gewesen. Ich beschloss, es dabei erst einmal zu belassen.

Der Alpine Pacific Triangle Highway führte noch ein Stück weit am Meer entlang, bis er sich wieder der etwas vom Wasser abgelegenen Prärie zuwandte. Ich fühlte mich den ganzen Tag wie in den USA. Nur der gelbe Mittelstreifen auf dem Highway fehlte. In Neuseeland waren die Mittelstreifen europäisch weiß, ergänzt durch gelbe Linien bei Gefahrenstellen.

Bezogen auf die Größe Neuseelands folgte eine lange, einsame Strecke. Auf zweihundert Kilometern lagen gerade mal vier erwähnenswerte Orte. Ich hatte mir die Aufgabe gestellt, neues Brot zu erwerben. Außerdem war ich bereit, Geld für Kleidung, so mir etwas gefallen sollte, auszugeben.

In Cheviot gab es ein kleines Heimatmuseum, einen Eisenwarenladen, einen Metzger und einen Supermarkt. Einen Bäcker gab es nicht.

In Waipara, eine Kreuzung der Highways 1 und 7, eine Tankstelle, ein Café und eine Kneipe. Im Café, deren Besitzer offensichtlich Kappen sammelte, die ganze Decke hing voll damit, aß ich ein Omelette und Pfannkuchen. Dabei fiel mir ein Flyer in die Hand, der auf die Weka Pass Railway aufmerksam machte. Die 1880 gebaute Eisenbahnstrecke erklimmt auf dem Weg von Waipara nach Waikari den spektakulären Weka Pass auf vielleicht vierhundert Metern Höhe über null. Auf dreizehn Kilometer Fahrtstrecke werden dabei zweihundert Höhenmeter überwunden. Seit 1983 wird die von Dampflokomotiven gezogene, historische Bahn von privaten Enthusiasten betrieben. Leider nur sonntags, so dass es für mich nicht allzu viel zu sehen gab. Diese historische Bahn, verbunden mit den vielen Weingütern in der Gegend ließen Heimatgefühle aufkommen. Einen Bäcker gab es jedoch nicht.

Den fand ich dann in Culverden – ein Ort, zu dem eine sagenhafte, fünfzehn Kilometer lange, gerade Straße führte. Auch gab es einige Läden mehr. Brot leider auch nur luftiges, fluffiges, weißes. Aber ich kam gerade zurecht, als der Bäckermeister seine Spezialität, Käseweißbrot, frisch aus dem Ofen geholt hatte. Zumindest ging das weg wie heißes Käseweißbrot.

Da ich im Pazifik schon nicht baden gewesen war, hatte ich mir vorgestellt, stattdessen in Hanmer Springs wieder ins Thermalbad zu gehen. Leider gab es da keinen direkt angeschlossenen Campingplatz, so dass ich ein ganzes Stück nach außerhalb fuhr, um Ron abzustellen. Ein halbstündiger Weg brachte mich angenehm durch kühlen, dunklen Wald zurück in den Ort. Der hatte auch eine Bäckerei, aber mit demselben Angebot wie bisher. Es gab diverse Klamottenläden und mein Wille, Geld auszugeben äußerte sich auch darin, dass ich mich in allen kurz umsah. Allein mir gefiel nichts. Dabei suchte ich doch nur nach kurzen Hosen, einem Pullover und einem T-Shirt mit nicht zu plumpem Aufdruck. Vergeblich. Den einzigen Shoppingerfolg hatte ich dann in dem gut sortierten Supermarkt, wo es zu meiner Freude frischen Bohnensalat zu erwerben gab. An Brot hatten sie eine große Baguetteauswahl, aber ich hatte ja erst einmal mein Käseweißbrot.

Die eigentliche Attraktion des Ortes, die Thermalquellen, hatte ich zuerst vor lauter Hotels, Motels, Apartments, Autos und Touristen gar nicht gefunden. Sie lagen zwar zentral, aber eher unauffällig. Da mir dort viel zu viel Betrieb herrschte, marschierte ich durch den Wald zurück zu Ron.

Dabei dachte ich über die Auffälligkeiten des Tages nach. Obwohl die Orte von der Anlage her auch in Montana hätten sein können, gab es einen Unterschied. Überall hatte ich neben den Cafés und Restaurants auch Tearooms gesehen. Das wies doch deutlich auf die englischen Wurzeln hin. Dann fiel mir auf, dass die Schulen, die ich gesehen hatte, alle so etwa 1900 gegründet worden waren, also sechzig Jahre nachdem die Queen den Maoris erklärt hatte, dass sie unter englischer Herrschaft besser leben würden. Hatte die Besiedlung so lange gedauert oder gingen die Kinder anfangs nicht zur Schule? Womit ich beim nächsten Gedanken war. Wenn ich es richtig verstanden hatte, begannen in der nächsten Woche die Sommerferien. Andererseits wurden überall in den Geschäften die Nächte bis Weihnachten herunter gezählt. Aktuell noch neun. Ich versuchte mir das vorzustellen, war aber ganz schnell zu dem Schluss gekommen, dass ich mich als Kind hier in Neuseeland betrogen fühlen würde. Für mich waren die Sommerferien und Weihnachten immer die zwei absoluten Höhepunkte im Jahr. In Neuseeland wurde das auf einmal abgehakt. Wäre interessant zu erfahren, was die Kinder im Winter machen, wenn der Weihnachtsmann in den Sommerferien kommt.

Die Straße von Hanmer Springs bis zum Lewis Pass war Breitwandkino im XXL Format. Immer entlang des türkisfarbenen Waiau River, dessen teilweise sehr breites Bett erahnen ließ, was für Naturgewalten bei Tauwetter herrschen mussten. Eingerahmt das Ganze von grünen Hügeln, oft von gelben Forsythien aufgehübscht, im Hintergrund höhere und teilweise schneebedeckte Berge. Darüber ein strahlend blauer Himmel mit weißen Wattewolken. Eine Landschaft wie aus dem Prospekt.

Bis zum Lewis Pass, knappe hundert Kilometer keine nennenswerte Ortschaft. Der Pass selbst war eher unscheinbar, da nicht gekennzeichnet. Ich bemerkte ihn nur dadurch, dass es wieder nach unten ging. Eine Höhenangabe fehlte. Es war jedenfalls nicht alpin. Bergab ging es weiter durch Wald und Felder bis Greymouth. Ab und an ein kleiner Ort, nichts Nennenswertes. Nur schienen die Leute einsiedlerischer zu werden.

Wie in Amerika hatte jedes Grundstück einen Briefkasten an der Straße stehen. Oft konnte es sein, dass nur der Briefkasten zu sehen war und von dem dazugehörigen Haus oder Hof nichts. Der Kiwi legte bei der Gestaltung seines Briefkastens eine sehr eigenwillige und ausgeprägte Individualität an den Tag. Ich hatte schon umfunktionierte Mikrowellen, Milchkrüge oder Ölfässer gesehen. Gut gefiel mir auch die Doppelkombination von einem roten und einem grünen Kasten. Wahrscheinlich für gute und schlechte Nachrichten gedacht. Auf dem Weg nach Greymouth war das einem eigenbrötlerischen Kiwi noch nicht genug gewesen. Er hatte zu beiden Seiten seiner Einfahrt je ein Auto mit der Motorhaube voran in den Boden gerammt und das Ganze mit einem Warnschild ergänzt. „Welcome to all who wish me well. Anyone else can go to hell.“ Eine klare Ansage. Da ich ihn ja nicht kannte, fuhr ich lieber weiter.

Unterwegs gab es noch eine Lokomotive aus dem Jahre 1926 zu bewundern, die bei der Urbarmachung der Wildnis geholfen hatte und eine ähnlich alte und schon lange aufgegebene Kohlen-Mine.

Mich zog es nach Greymouth, da ja meine Shoppingwünsche bisher unerfüllt geblieben waren. Es hatte auch eine gute Anzahl von Geschäften geöffnet, ich kam über den Kauf eines T-Shirts aber nicht hinaus. Vielleicht musste ich ja meine Anforderungen noch einmal überdenken. Obwohl überall Weihnachtsrabatte geboten wurden, gab es nirgendwo einen warmen Pullover.

Ich fuhr weiter an die Tasmanische See. Eine Premiere, die ich auch wahrnahm und die Badehose rausholte. Das Wasser war kalt, aber auszuhalten. Allein der Weg hinein recht steinig. Ich brauchte auch nicht lange zu überlegen, da mich schon die dritte Welle umwarf und ich intensiven Kontakt mit der See bekam. Das Wasser war nicht ganz so salzig, wie ich den Pazifik in Erinnerung hatte. Salziger als die Ostsee bestimmt. Den Namen hat die See von dem Holländer Abel Janszoon Tasman bekommen, der 1642 als erster Europäer Neuseeland entdeckte. Ohne das Land betreten zu haben, annektierte er es für Holland und nannte es Staten Land. Später benannten es holländische Geographen in Nieuw Zeeland um.

Viel früher, so etwa tausend Jahre nachdem Christus ans Kreuz genagelt worden war, erreichten Polynesier als erste Menschen die bis dahin unbewohnten Inseln. Etwa um 1300 ist erstmalig der Name Aotearoa, das Land der langen weißen Wolke, nachgewiesen. Dann passierte lange nichts und die Maori beschäftigten sich ungestört mit sich selbst. Auch als Herr Tasman ankam, geschah nichts. Er ging ja nicht an Land. Der holländische Abenteurer suchte nach dem sagenhaften Südkontinent, der, nach den Überlegungen der damaligen Zeit, ein Gegengewicht zu den Landmassen auf der Nordhalbkugel bilden musste. Dafür waren die Inseln, die er fand, zu klein. Wieder passierte lange nichts. Dann kam der erste Engländer. Am 9. Oktober 1796 erreichte James Cook die Ostküste der Nordinsel und nahm das Land sofort für die englische Krone in Besitz. Danach kamen Walfänger, Missionare und die ersten Einwanderer. Am 6. Februar 1840 wird nahe der Bay of Islands, im Norden der Nordinsel, der Vertrag von Waitangi unterzeichnet. Damit haben es die Pakeha, die Langnasen der britischen Königin, es mal wieder geschafft, den ursprünglichen Einwohnern ein ganzes Land abzunehmen. Fünfhundert Stammesführer traten freiwillig ihre Souveränität ab und erhielten dafür den Schutz der Queen und die gleichen Rechte wie britische Bürger. Als Zugabe bekamen sie noch Schusswaffen und ansteckende Krankheiten, gegen die die Maori keine Abwehrkräfte besaßen. Eine Grippeepidemie tötete Tausende, die Schusswaffen führten zu Kriegen unter den Stämmen. Also der ganz normale Werdegang, der sich immer abspielte, wenn die entwickelte, westliche Welt irgendwo ankam und schon vorher jemand da war. 1861 wurde dann auch noch Gold gefunden. Wie es weiterging, ist aus der amerikanischen Geschichte ausgiebig bekannt. Es gab jedoch auch einen entscheidenden Unterschied zur amerikanischen Geschichte. Im Gegensatz zu den häufig in staubigen Reservaten lebenden Indianern, waren die Maori voll in der neuseeländischen Gesellschaft integriert. Sie hatten sogar eigene Abgeordnete in der Regierung. Die englische Krone und die neuseeländische Regierung hatten sich in den siebziger Jahren offiziell für die Landnahme entschuldigt und die Maori auch kulturell als gleichwertige Mitglieder der Gesellschaft anerkannt.

Auf jeden Fall war ich jetzt in dieser Tasmanischen See baden gewesen. Der Sonnenuntergang war verbesserungswürdig, da stark wolkenverhangen. Ein Herr mit grauem Pferdeschwanz fragte mich in sehr verständlichem Englisch nach dem Weg zurück in die Stadt. Ich sah genauer hin. Es war der Herr von der amerikanischen Reisegruppe, die mich im Bus zum Lake Rotomahana mitgenommen hatte. Sie waren gerade bei den Pancake Rocks gewesen und sehr beeindruckt. Das hatte ich noch vor mir. Aber ich freute mich, dass ich nun schon jemanden in Neuseeland kannte, wiedertraf und sogar dessen Englisch verstand.

Der Geschichte des Goldes näherte ich mich in Shantytown. Eine als Museum restaurierte Goldsucherstadt, etwas außerhalb von Greymouth. Zuerst fand ich die reichlich dreißig Dollar Eintritt etwas übertrieben, aber sie waren jeden Cent wert.

Der Rundgang begann in der Chinatown, die einen extra Bereich darstellte und ein Reich in sich war. Mit eigenem Laden, Teehaus und Unterkünften. Wie auch in den USA waren die Chinesen als Köche, Hilfsarbeiter und Eisenbahnstreckenbauer zu dem Goldrausch gestoßen und bildeten ihre eigene Gemeinde.

Den nächsten, sozusagen wilden Teil, bildete das eigentliche Gold Claim. Hier bestand zum einen die Möglichkeit, selber Gold zu waschen, zum anderen führte der Weg an einzelnen Hütten der Goldsucher vorbei. Diese konnte man besichtigen, der jeweilige Bewohner erzählte aber auch, sobald man sich annäherte, seine Geschichte. Sehr amüsant. Der Besitzer des Ladens erklärte zum Beispiel, dass er ständig höre, er solle doch noch einen Tag auf Kredit verkaufen, morgen würde der große Goldfund kommen. Er glaube nicht an diesen Fund. Alles, woran er glaube, sei Barzahlung. Höhepunkt dieses Abschnittes war das Hotel mit einem großen Barraum, wobei man sich die Hotelfunktion sehr schwer vorstellen konnte. Weiterhin gab es ein Sägewerk, eine Eisenbahnstation, die von einem Zug mit Dampflokomotive und zwei Waggons aus dem eigentlichen Ort bedient wurde und eine wasserbetriebene Spritze, die das Geröll aus den Hängen spülte, welches im Anschluss gewaschen und auf Gold durchsucht wurde. Zurück in die Stadt führte ein Waldweg, der die Anstrengungen der Digger veranschaulichen sollte.

Unvermeidlich im Ort waren der Golden Nugget Saloon und King Dick´s Café. Es gab aber auch ein Kino, eine Kirche, einen Juwelier, eine Schule, einen Fleischer, eine Feuerwehrstation und vieles mehr. Alles mit authentischen Gegenständen eingerichtet.

Bei der Besichtigung des Gefängnisses bekam ich einen ordentlichen Schreck. Als ich das Guckloch öffnete, lag da wirklich ein Gefangener dahinter. Noch eindringlicher war die Darstellung der Möglichkeiten und Instrumente zur medizinischen Behandlung in einem komplett eingerichteten Krankenhaus. Klaustrophobische Gefühle bekam ich beim Anblick einer Eisernen Lunge. Ein länglicher Kasten, wie ein Sarg, nur in Weiß, in den der Patient der Länge nach geschoben wurde. Nur der Kopf sah aus dem Folterinstrument heraus.

Da waren mir die angrenzende Schmiede, in der neben Zahnrädern auch Kessel gefertigt wurden, und der Lokschuppen mit mehreren original erhaltenen Dampflokomotiven schon lieber. Einzige Zeugen der heutigen Zeit waren einige Mitarbeiter und die Besucher. Der Speisen- und Getränkeverkauf hielt sich ebenso in unaufdringlichen Grenzen wie das Souvenierangebot. Da hätte es nach meinem Geschmack auch mehr geben können. Das ganze Ambiente war stimmig. Dieser Museumsbesuch war ein eindringliches Erlebnis.

Nach einem Abstecher zum unspektakulären Lake Brunner machte ich mich zum zweiten Mal daran, die Southern Alps zu queren. Der Arthur´s Pass stellte mit 920 Metern Höhe schon eine andere Herausforderung dar als der Lewis Pass. An einer 16-prozentigen Steigung kam ich mit dem Herunterschalten nicht mehr hinterher und die vier Zylinder von Ron arbeiteten hart an der Grenze. Ich schaltete bis in den zweiten Gang herunter und schaffte es trotzdem, den Motor abzuwürgen. Der Fahrer vom Auto hinter mir reagierte zum Glück schnell. Das erneute Anfahren gelang wohl vor allem mit dem extra für solche Augenblicke entwickelten Anfahrassistenten, der an Steigungen ein ungewolltes Zurückrollen verhindert. Ich dankte den schlauen Ingenieuren, die diese Technik ersonnen hatten.

Oben am Pass angekommen, machte sich sofort ein Kea über Ron her. Ein Kea ist ein großer, grüngelb gefiederter Papagei mit orangenem Schnabel, der nur auf der Südinsel vorkommt und eine Schwäche für Gummi entwickelt hat. Besonders gern macht er sich an den Kabeln der Satellitenschüssel zu schaffen. Nett fand ich, dass ich dabei lernte, dass der Name der Verleihfirma KEA, der überall auf Ron klebte, von diesem Vogel herrührt, der so großen Gefallen an dem Camper fand. Auf den Aufklebern hätte ich den dargestellten Vogel eher für einen Adler als für einen Papagei gehalten. Wahrscheinlich sollte diese Darstellung dynamischer wirken.

Im Visitor Center am Arthur´s Pass bekam ich endlich einen ausgestopften Possum zu sehen. Bisher hatte ich diese Tiere nur überfahren auf der Straße wahrgenommen. Und das in rauen Mengen. Waren mir in den USA häufig zerfetzte Reifen begegnet, über die ich mir so meine Gedanken machte, nahmen diese Stelle in Neuseeland plattgefahrene, teils noch blutige, Possums ein. Die eigentlich ganz possierlich aussehenden Tiere stellen die größte Plage im Kiwiland dar. Ursprünglich wurden sie 1837 aus Australien importiert, um den Pelzhandel zu fördern. Auf Grund fehlender natürlicher Feinde hatten sie sich auf die erstaunliche Zahl von sechzig Millionen vermehrt. Das waren noch mehr als die Schafe. Da sie auch jede Menge fressen und so ganze Vegetationszonen zerstören, wurden sie mit vielfältigen Methoden bekämpft. Ich hatte schon öfter Schilder gesehen, die vor ausgestreutem Gift warnten, und eben die ungezählten toten Tiere auf den Straßen. Oft hingen auch als Trophäen ausgestellte Felle an Zäunen. Muss man nicht mögen. Die Kiwis mochten die Possums überhaupt nicht.

Die Idee, am Pass übernachten zu wollen, hatte ich schnell verworfen. Es wehte ein schneidender Wind, der auch etwas Regen enthielt. Als nächstes hatte ich mir den Lake Pearson ausgesucht. Ich fand die Gegend dann aber ziemlich abweisend und unwirtlich, so dass ich auch das wieder fallen ließ. Eine am Ufer aufgestellte Tafel, die vor Kontakt mit dem Seewasser warnte, machte die Sache nicht besser.

Wie schon bei der Querung vom Lewis Pass stellte ich fest, dass die östliche, dem Pazifik zugewandte Seite, der Southern Alps deutlich trockener als die westliche war. Wahrscheinlich regnete alles an den Bergen ab. Entsprechend war die Vegetation, die jetzt wieder Präriecharakter annahm.

Ron quälte sich weiter im dritten Gang die Straße hinunter, und ich strandete in dem Nest Springfield. Gibt es nicht auch so ein Kaff in den USA? Der Bahnhof jedenfalls, an dem die Information zu finden sein sollte, wirkte völlig verlassen. Im Ort hatte ich auch keinen Hinweis zu dem, in meiner Karte eingezeichneten, Caravan Park gefunden. Ich überlegte, an den Pazifik weiterzufahren, wozu ich eigentlich keine Lust mehr hatte. Dann kam doch noch ein Schild und führte auf einen ebenfalls sehr verlassen wirkenden Platz. Hätte nicht schon ein Wohnmobil auf dem zugegebenermaßen gut gepflegten Rasen gestanden, wäre ich wohl weitergefahren. Auch der in einer Zelthütte lebende, einbeinige Vertreter des Besitzers machte auf den ersten Blick nicht den allerbesten Eindruck. Als er mir aber grinsend einen Platz zuwies und meinte, ich solle mich erst einmal einstöpseln und ein Bier oder einen Tee trinken, fand ich es dann doch ganz brauchbar. Zum Bezahlen würde der Besitzer irgendwann mal vorbeischauen. Ich solle mir da mal keine Gedanken machen. Ich hoffte, dass ich alles richtig verstanden hatte und machte mir keine Gedanken.

Christchurch, mit 350.000 Einwohnern immerhin die drittgrößte Stadt, in der ein Drittel aller Südinsulaner lebten, war im Gegensatz zum hektischen Wellington tiefenentspannt. Ohne Problem fand ich einen Parkplatz direkt am Avon River, der die Stadt malerisch durchschlängelt. Rein zufällig parkte ich auch noch direkt gegenüber dem Gondelhafen. Eine Gondelfahrt mit einem echten Kiwigondoliere war Bestandteil meiner Planung gewesen. Allein die Naturgewalten machten einem rundum gelungenen Aufenthalt in Christus Kirche einen Strich durch die Rechnung. Aktuell fiel ein intensiver, ekliger Nieselregen, der mir die Bootsfahrt abspenstig machte. Ein größeres Problem war die Innenstadt. Diese wurde im Februar 2011 zu großen Teilen von einem Erdbeben zerstört. Das eigentliche Zentrum war nicht zugänglich, nur halb eingestürzte Gebäude und Abrissarbeiten waren zu sehen. Schade.

Ein geschäftlicher Neuanfang wurde mit einem Containerdorf unternommen, in dem ein stark begrenztes Sortiment angeboten wurde. Das fand ich zusätzlich bedauerlich, da ich gehofft hatte, einen Laden mit internationalen Zeitschriften zu finden. Mir ging so langsam der Lesestoff aus. Ich hätte doch das Angebot von Gudrun in Auckland annehmen und ein paar deutsche Bücher mitnehmen sollen. Leider hatte ich da überhaupt keine Nerven gehabt, mir etwas auszusuchen.

Ich unterstützte den Neuaufbau der Stadt mit dem Erwerb einer kurzen Hose. Genau die, die ich seit Tagen gesucht hatte. Weiterhin gab ich einige Dollars für Mitbringsel aus. Ich war wirklich fast in jedem der Behelfsläden und tat, was ich konnte. Einen Pullover fand ich leider wieder nicht. Wahrscheinlich der völlig falsche Zeitpunkt für solch ein Ansinnen.

Absoluter Höhepunkt war ein Stand mit Original German Bratwurst. Getoppt noch durch die Frage der Verkäuferin: „With onions or with Sauerkraut?“, wobei die englische Aussprache von Sauerkraut einfach herrlich klang. Ich nahm die Zwiebeln und war mitten im Nieselregen glücklich.

Danach, auf dem Weg zur Banks Penisula, einer hügeligen Halbinsel südöstlich von Christchurch, machte ich eine Erfahrung der anderen Art. Meine Zigarettenvorräte aus Deutschland gingen langsam zur Neige. An einer Tankstelle ergänzte ich diese. Wie in Kanada wurden Zigaretten nicht offen angeboten, sondern hinter einer Schranktür versteckt gehalten und man musste direkt danach fragen. Ich fragte ein junges Mädchen nach einer Stange Pall Mall. Da das Mädchen mit meiner Bestellung nicht so recht weiterwusste, übernahm ihre Chefin die Transaktion. Aus einem Lagerraum holte sie das Gewünschte und präsentierte mir den Preis von 143 Dollar. Für eine Stange, nicht für eine Palette. Eine Schachtel kostete demnach 14,30 Dollar, fast zehn Euro. Gratis dazu bekam man dann noch auf die Schachteln gedruckte, äußerst unangenehme Bilder von noch viel unangenehmeren Krankheiten. Ich fragte, warum die Zigaretten fast das Dreifache des deutschen Preises kosteten. Die Frau erklärte mir, das diene dem Schutze der Gesundheit. Ich fragte nach, ob die Strategie denn helfe und bekam zur Antwort nur ein Schulterzucken und das Wort „stupid". Sie meinte damit nicht, dass meine Frage dämlich sei, sondern eher diese Art der Erziehung. Man könnte es auch Bevormundung nennen. In jeden Fall kamen harte Zeiten auf mich zu.

Das am Ende der Halbinsel gelegene Städtchen Akaroa lenkte mich völlig von diesen Überlegungen ab. Schon vorher lagen viele malerische Buchten an der Straße, unter anderem auch die Robinson Bay, diese war vielleicht die schönste. Der Ort selbst war französischen Ursprungs, was ich vor allem an einem französischen Metzger merkte, der auch frisches Baguette verkaufte. Und zwar krosses, nicht das pappige, neuseeländische Zeug. Die einzige wirkliche Alternative zu festem, dunklem Brot.

In einem Geschäft auf dem Pier kam ich mit dem Goldschmied ins Gespräch. Genauer gesagt verwickelte er mich in eines, nachdem ich kurz die buntschillernden Paua Muscheln in der Auslage angesehen hatte. Er war ein drahtiger, sympathischer Kerl mit grauen, halblangen Haaren und Ziegenbart. Da ich sein Englisch gut verstand, fragte ich ihn, wo er herkäme. Er stammte aus Polen und sein Kollege aus Holland. Also ein nachbarliches Dreiländertreffen. Nach dem Woher und Wohin kam er ganz geschickt auf die Frage, ob ich allein reise. Als ich bejahte, sagte er sofort: „Also suchst du ein Mitbringsel für die Mutter. Die Muscheln und das ganze andere Zeug kannst du einer Freundin schenken. Für die Mutter müssen es diese Perlen sein.“ Er zeigte mir die Perlen, erklärte ihre Entstehung und auch wer und wann mit ihrer industriellen Zucht begonnen hatte. Ich musste ihn enttäuschen, da die kleinste dreihundert Dollar kosten sollte und ich nicht so viel Geld für eine Aufmerksamkeit ausgeben wollte, von der ich nicht einmal wusste, ob sie überhaupt gefallen würde. Wir unterhielten uns inzwischen über das angenehme Leben und die freundlichen Menschen in Neuseeland und wie wohl er sich hier fühlte. Auch erzählte er mir ausführlich alles über die örtlichen Delphine und Pinguine. Letztere besuchten abends den Strand, manchmal Hunderte. Dann kamen wir wieder aufs Geschäftliche zurück, denn dass ich nun etwas kaufen musste, war klar. Ich entschied mich für eine besonders schön polierte Paua Muschel für zwanzig Dollar. Auf meine Frage, ob er sie selber poliert habe, meinte er, dafür sei seine Arbeitskraft zu teuer, das würden Maoris in Massenfertigung machen. „Dann sag deiner Mutter wenigstens, die Muschel hat zweihundert Dollar gekostet. Du wirst sehen, es wirkt.“ Lachend verabschiedeten wir uns voneinander, und er wünschte mir noch auf Deutsch eine gute Reise. Beschwingt spazierte ich noch eine ganze Weile durch den Ort.

Der über der Bucht gelegene Top 10 Holiday Park, der dritte den ich nun anfuhr, war nicht mehr so günstig wie bisher. Ich hatte die Befürchtung, dass sich mit Ferienbeginn die Preise deutlich verändert hatten. Für 42 Dollar stand ich dicht an dicht mit der kompletten Mietwohnmobilflotte Neuseelands, direkt unter den immer tiefer sinkenden grauen Wolken. Die vorwiegend gesprochene Sprache um mich herum war Deutsch. Das musste ich nicht unbedingt wiederholen.

Auf der Rückfahrt von der Banks Penisula nach Christchurch waren die lieblichen Buchten noch einmal zu bewundern. Diesmal angemessen, da die Sonne wieder schien. Auch Christchurch, das ich noch einmal durchquerte, sah bei Sonnenschein deutlich besser aus. Ich sah zu viel in der Gegend herum und verfuhr mich. Aber das war in dieser unaufgeregten Stadt nicht wirklich ein Problem. Nach einem kurzen Blick auf die Karte war alles wieder klar.

Ich war ein Stück nach Norden gefahren. Einmal um das kurze Stück neuseeländische Autobahn mitzunehmen, zum anderen, um den Anfang der Route 72 bei Kaiapoi zu erwischen. Nicht die Route 66, aber nach meiner Karte war das die einzige Straße mit einer solchen, nach Amerika klingenden, Bezeichnung. Die Inland Scenic Route 72.

Leider konnte sie meine Erwartungen nicht ganz erfüllen. Es ging zwar lange Zeit an Bergketten entlang, doch diese waren nicht allzu hoch und auch ein gutes Stück entfernt. Höhepunkte boten allein die Brücken über die breiten Betten des Waimakariri und des Rakaia River. Dabei waren vor allem die kleineren Brücken in dieser Gegend wieder einspurig. Man wurde entsprechend frühzeitig darauf hingewiesen, dass eine solche Brücke kam, und die Vorfahrt wurde festgelegt, damit klar war, wer im Zweifel fahren durfte. Anfangs konnte ich mir nicht so recht vorstellen, dass so ein System funktioniert. Bei Greymouth fuhr ich über eine einspurige Brücke, die gleichzeitig auch von der Eisenbahn genutzt wurde und der Gegenverkehr nicht im Voraus einsehbar war. Es funktionierte immer ohne Ärger. Im Gegenteil, der Gegenverkehr grüßte meist freundlich. An diesen einspurigen Brücken lernte ich mit der Zeit, die Dichte der Besiedlung der Gegend zu erkennen. Ansonsten verlief die Scenic Route zumeist entlang ausgedehnter Felder und Weiden mit – natürlich – Schafen, Kühen und ab und zu auch Rotwild, das ebenso wie die Schafe gehalten wurde. Dazwischen und entlang der Straße immer riesige Nadelbaumhecken, die den Wind brechen sollten. Die Strecke war unglaublich gerade. Einmal sogar über zwanzig Kilometer ohne auch nur die Andeutung einer Kurve. Um nicht mit der Zeit immer schneller zu werden, nutzte ich den freundlicherweise zur Verfügung gestellten Tempomat. Zu schnell fahren konnte in Neuseeland empfindlich teuer werden. Auf einem Schild hatte ich eine am Tachometer orientierte Preistafel gesehen, die ganz schnell bei 600 Dollar ankam.

Nennenswerte Orte waren nur Geraldine und Fairlie, in denen ich mich auch etwas umsah. Eigentlich immer wieder dasselbe. Einige Geschäfte an der Straße, eine Information, eine öffentliche Toilette, einige Cafés und Restaurants, ein oder zwei Tankstellen und schon war der Ort wieder vorbei. Ohne anzuhalten eine Angelegenheit von einer Minute.

Richtig interessant wurde es wieder ab Fairlie, als so langsam die Bergkette des Mt. Cook sichtbar wurde. Leider wurde mir der Genuss der grandiosen Landschaft dann von Ron so richtig verdorben. Er hatte schon seit einiger Zeit ein asthmatisches Pfeifen beim Hochtouren von sich gegeben. Ich hatte alles nachgesehen, was mir dazu einfiel. Der Zahnriemen war in Ordnung. Dann ging zusätzlich die Motorwarnlampe an. Im Handbuch stand dazu wie erwartet nur ein Satz. „Fahren Sie die nächste Werkstatt an.“ Und zwar ohne Umwege. Bis zum Lake Tekapo ging dann auch alles in Ordnung, und ich ließ es mir nicht nehmen, die ersten Bilder zu machen. Ein wunderschöner, türkisfarbener See, umgeben von Bergketten, die auf der Nordseite bis zu schneebedeckten Gipfeln anstiegen. Absolutes Muss die Church of the good Shepard, ein kleines zehn mal dreißig Meter großes Steingebäude, direkt an diesem zauberhaften Ufer. Leider war die Kirche nicht zu besichtigen, da gerade eine Hochzeit stattfand. Aber ich hatte ja auch anderes zu erledigen.

Die ersehnte Werkstatt fand ich direkt neben der Tankstelle im Ort. Und auch sofort sehr kompetente Hilfe vom Meister persönlich. Zuerst versuchte er, nach einer kurzen Testrunde, den Fehler über die Motordiagnostik zu finden. Das Ergebnis war: Es gab keinen Fehler. Die Motorwarnlampe war danach aus. Das Problem mit dem Pfeifen aber blieb, wie ich nach einer zweiten Testrunde feststellen musste. Der Meister hatte auch nichts anderes erwartet. Seiner Meinung nach lag der Fehler bei einer undichten Stelle des Turboboosters. Eine inzwischen im Auftrag von KEA angerufene Hotline von Ford hatte auch nichts weiter dazu zu sagen. Also kroch der Meister unter den Motor und zog alle Schlauchschellen fest, was diese ganz offensichtlich auch nötig hatten. Etwas später teilte er mir freudig mit, den Fehler gefunden zu haben. Er zeigte mir eine Schraube und meinte, davon müsse es eigentlich zwei da unten geben. Er holte eine, schraubte fluchend, da er nicht richtig herankam, die zwei Schrauben ein und zerschnitt sich dabei auch noch das Gesicht. Aber der Fehler war behoben. Bei einer dritten Testrunde riet er mir davon ab, im See baden zu gehen. Nicht weil das Wasser dreckig wäre, sondern die acht Grad Wassertemperatur seien nicht für jeden das Richtige. Kinder würden ab und zu darin rumplanschen, aber Erwachsenen sei der See einfach zu kalt. Die türkisene Färbung des Wassers komme von dem durch die Gletscher zu feinem Pulver gemahlenen Gestein, in dem sich der blaue Himmel spiegelte.

Ich nutzte die Gelegenheit und fragte ihn, was er von der Schramme hielt, die ich mir auf dem ersten Campingplatz geholt hatte. Er stimmte meiner Überlegung zu, dass das von einem Lackierer repariert werden könne und nicht ausgetauscht werden müsse. Er gab mir aber den Rat, in einer größeren Stadt, in einer

Lackiererei nach dem Preis zu fragen, damit ich bei KEA etwas vorweisen könne. Wenn ich die Vollkasko abgeschlossen hätte, wäre das kein Problem, aber ich hatte ja nicht.

Nach dem Preis für all seine Bemühungen gefragt, winkte er nur ab und sagte, das hätte er schon mit KEA geregelt. Die Rechnung ginge direkt dahin. Wir verständigten uns noch darüber, dass die ganzen europäischen Autos overengineered sind, und das nicht wirklich etwas nützt. Ein Mechaniker wiedersprach: „Mit Ausnahme der deutschen Autos." Ich ging nicht weiter darauf ein, dass auch Ron in Deutschland gebaut sein könnte, sondern schwärmte von der robusten, unverwüstlichen Technik, die ich bei meinem amerikanischen Ford erlebt hatte. Auch da herrschte Übereinstimmung. Der Meister wünschte mir noch schöne Ferien, und ich röhrte mit wieder fidelem Motor zum Camp am See.

Etwas später klopfte es an meine Tür. Der Meister hatte mich gesucht und war froh mich zu finden. Er hatte seine Lampe im Motorraum vergessen. Eine Einladung etwas zu trinken lehnte er leider ab. Er wünschte mir noch einmal schöne Ferien und frohe Weihnachten. Beim zweiten Wunsch erschrak ich fast. Das hatte ich schon wieder fast vergessen. Es ging hart auf Weihnachten zu. Ich möchte aber nicht sagen, dass die Menschen deswegen so freundlich waren. Dieses Land hatte schon etwas Besonderes an sich. Ich mochte es immer mehr.

Bei einem ausgedehnten Spaziergang am steinigen Ufer des türkisfarbenen Lake Tekapo wurde ich von mehreren Hasen begleitet. Das erschien mir auch durchaus passender zur Jahreszeit, als Rentiere mit roten Nasen. Bei einer Schafherde, die mir den weiteren Weg versperrte, drehte ich um. Was die Schafe auf den Steinen zu fressen fanden, blieb ihr Geheimnis. Langsam nahm ich Abschied von dem schönen See. Doch es sollte noch besser kommen.

Schon auf dem Weg zum nur fünfzig Kilometer entfernten Lake Pukaki war immer wieder der schneebedeckte Gipfel des Mt. Cook zu sehen. Der Aoraki, der Wolkenaufspießer, wie er auf Maori genannt wird, ist mit 3754 Metern der höchste Berg Neuseelands. An ihm trainierte Sir Edmund Hillary für seine Erstbesteigung des Mount Everest im Jahre 1953. Hillary ist dadurch zu einem der größten Helden Neuseelands geworden und auf dem fünf Dollar Schein abgebildet, mit Namen. Auf dem Zwanziger ist die Queen zu sehen, ohne Namen. Scheinbar kennt die jeder.

Vor dem See machte ich einen Abstecher ins nahegelegene Twizel und lernte eine völlig neue Form der Müllvermeidung kennen. Auf allen Campingplätzen hatte ich bisher eine ähnliche Mülltrennung wie in Deutschland erlebt, die teilweise auch noch erweitert war. Auf einem Platz hatte ich sechs verschiedenfarbige Tonnen gesehen. Auf Rastplätzen fehlte eine Mülltonne meist gänzlich. Eine Methode, die die Stadt Twizel zur Perfektion getrieben hatte. In der örtlichen Einkaufspassage gab es säuberlich aufgereihte Recyclingtonnen für Papier, Glas und Plastik. Deutlich kleiner daneben eine Tonne mit rotem Deckel für Müll. Nur waren diese Deckel ausschließlich von autorisiertem Personal zu öffnen. Die Deckel waren mit einem Vorhängeschloss versehen, und wer die Schlüssel dazu hatte, blieb mir verborgen. Meinen Müll, den ich eigentlich bei der Gelegenheit loswerden wollte, nahm ich wieder mit. Die Stadt war insgesamt unheimlich sauber. Ich sah zu, dass ich weiterkam, bevor ich noch irgendetwas unbekannt Verbotenes anstellen konnte.

Das war auch deutlich besser. Etwa dreißig Kilometer führte der gut ausgebaute State Highway 80 am Lake Pukaki entlang. Auf der rechten Seite lag der natürlich türkisfarbene See, auf der linken Seite stiegen die Berge immer mehr an, und im Blickfeld wurde der schneebedeckte Mt. Cook immer größer. Immer wieder musste ich bremsen, da ich nur auf den Berg und nicht auf den Tacho geachtet hatte. Das nördliche Ende des Sees wird von dem breiten Bett des Tasman River gebildet, der wiederum etwas höher vom Tasman Glacier befüllt wird. Das Wasser aus den Seen wird über breite Kanäle bis in die Tiefebene bei Christchurch geleitet, wo es zur Bewässerung der üppigen Felder verwendet wird.

Etwa am Ende des Sees lag auch der Glentanner Park, mit allen denkbaren Möglichkeiten zur Übernachtung, die aber offensichtlich nur wenig genutzt wurden. Das Restaurant war geschlossen, die vielen Hütten fast ausgestorben, der Zeltplatz sehr mäßig gefüllt. Am intensivsten wurden die angebotenen Helikopterflüge hinauf in den Schnee des Mt. Cook genutzt. Auch hier sah ich wieder ein Brautpaar, diesmal aus einem der Fluggeräte aussteigend. Kiwis liebten offenbar ausgefallene Hochzeiten.

Ich genoss die nur selten von Helikoptern unterbrochene Ruhe mit Blick auf den weißen Berg und den türkisfarbenen See, den ich mit mehreren Hasen und einem Fasan teilte. Die deutsche Karawane zog offenbar zu anderen Ufern.

Der Aoraki hatte ganze Arbeit geleistet. Er hatte die Wolken nicht nur aufgespießt, er hatte sie heruntergeholt. Ich fuhr die Straße trotzdem bis zum Ende. Auch die letzten acht Gravelkilometer bis zum Tasman Lake. Ein fünfzehnminütiger Aufstieg brachte mich zu einem Punkt, von dem aus sowohl der See als auch der Tasman Glacier zu sehen waren. Kaum hatte ich mir Gedanken gemacht, wie ich bei dem stürmischen Nieselregen ein Foto machen sollte, kam für einige Minuten die Sonne heraus. Aber wirklich nur für einige wenige Minuten. Danach begann es richtig zu regnen, und ich rettete mich ins Wohnmobil. Die Rückfahrt entlang des Lake Pukaki war trotzdem sehr interessant, da der See bei Regen und immer wieder aufreißenden Wolken einen ganz neuen, wilden Anblick abgab, den ich wieder dreißig Kilometer lang genießen konnte. Zum Abschied hielt ich noch einmal am Südende des Sees.

Zügig durchfuhr ich das unheimlich ordentliche Twizel und erlebte bis Omarama eine starke Veränderung der Landschaft. Die Hügel wurden höher und immer kahler. Alles vertrocknetes, braunes Gras. Auch war es plötzlich schwül und heiß geworden. Es folgten mehrere, ineinander übergehende Seen, die alle zur Stromgewinnung angestaut waren. Zwei Drittel des neuseeländischen Stromes werden durch Wasserkraft erzeugt. Dazu kommen noch geothermische Anlagen auf der Nordinsel, so dass der Anteil verbrannter fossiler Energieträger bei nur 25 Prozent liegt. Kernkraftwerke hatten sich die Kiwis bisher erspart. Die Gewinnung von Strom aus Sonne und Wind wies noch ein riesiges Potential auf, da ich kaum solche Anlagen gesehen hatte. Nur Erdöl für die Fortbewegung der Fahrzeugflotte musste eingeführt werden.

Bei Takiroa gab es an gelben Sandsteinfelsen Maori Rock Art zu bewundern. Felszeichnungen, bei denen ich mir allerdings nicht so ganz sicher war, wie alt diese Bilder wirklich waren.

Oamaru stellte sich als größere und äußerst englische Stadt heraus. Es flatterten sogar mehrere Union Jack im Wind. Interessant war eine Speicherstadt beim Hafen, in der alle möglichen alten Handwerke dargestellt und ausgeübt wurden. In einer Bäckerei bekam ich ein Stück stollenähnliches Gebäck geschenkt.

In der Karte hatte ich gelesen, dass in der Stadt Pinguine zu beobachten seien. Es gab zwei Stellen dafür. Am Hafen wurde eine Blaupinguin-Kolonie kommerziell gehalten. Das hieß, für ein Eintrittsgeld konnte man den Tieren zu bestimmten Zeiten bei der Fütterung zusehen. Da gerade keine war, hätte ich mir in einem Darkroom einige Exemplare ansehen, aber nicht fotografieren dürfen. Beim Rundgang ums Gehege wurde keine Sichtung der Tiere garantiert. Das war mir alles zu blöd. Beim Kiwi hatte ich eine Ausnahme gemacht, weil die Chance, diesen Vogel zu sehen, nahe null war.

Ich fuhr ein Stück weiter zu einer Gelbaugen-Pinguin-Kolonie direkt am Pazifik. Eine Dame der Touristik-Information hatte gemeint, dort könne ich eventuell ab drei Uhr die Tiere in ihrem echten Lebensraum beobachten. Ich fand die Stelle, bis zu der es ähnlich steil wie in San Francisco auf und ab ging, und war auch pünktlich zur Stelle. Nur die Pinguine waren nicht da. Ich wartete eine Weile und sah dann auch ein ganzes Stück entfernt im Ozean ein Getümmel. Ob es tatsächlich Pinguine waren, die ich da durch das Teleobjektiv beobachtete, möchte ich nicht beschwören.

Es regnete mittlerweile stark, und ich fuhr noch etwas weiter bis Hampden. Der dortige Kiwi Park wurde von Schweizern betrieben – leider ohne angeschlossenes Restaurant. Darauf hätte ich richtig Lust gehabt. Es war überhaupt kein Campingwetter. Zumindest nicht für so einen Schönwettercamper wie mich. Die echten Neuseeländer interessierte das überhaupt nicht. Sie liefen weiter in kurzen Hosen und barfuß herum. Nur dicke, funktionale Jacken zogen sie dazu an.

Der längste Tag des Jahres war vorbei und der große Knall ausgeblieben. Ich hatte mir extra die Nachrichten angesehen. Es wurde zwar über einen eventuell anstehenden Weltuntergang und die Vorbereitungen darauf – vor allem in Mexiko – berichtet. In Neuseeland war aber bisher nicht bekannt geworden, dass der Doomsday auch stattgefunden hätte. Die Welt hatte sich weitergedreht.

Ich fuhr ein ganz kurzes Stück weiter Richtung Süden an den Strand. Dort lagen etwa fünf Millionen Jahre alte Steinkugeln mit einem Durchmesser von bis zu zwei Metern verstreut. Die Moeraki Boulders bestanden aus einem Mineral namens Kalzit. Sie waren grau bis schwarz, nahezu rund und von Rissen durchzogen. Einige waren durch die Witterung bedingt aufgeplatzt und erinnerten mich an die Eier aus den Alien Filmen. Da der Himmel immer noch grau war, ging von ihnen etwas Unheimliches aus. Auf einer der Kugeln glaubte ich die Konturen von Nord- und Südamerika abgebildet zu sehen. Rein wissenschaftlich ist ihre Entstehung nicht endgültig geklärt. Nach Legenden ortsansässiger Maori sind die Boulders Reste von Aalkörben, Flaschenkürbissen und Süßkartoffeln, die von dem Wrack des legendären Kanus Arai-te-uru an die Küste gespült wurden. Nach diesen Legenden sind die Klippen, die sich von Shag Point ins Meer erstrecken, der versteinerte Rest des Bootskörpers und ein nahe gelegener Felsvorsprung der Körper des Kapitäns.

Ein Tipp der Schweizerin führte mich zum Moeraki Lighthouse. Eine Gravelstraße wand sich über die Hügel dahin. Vom Leuchtturm führte ein steiler Weg bis fast herab an den Strand zu einer Beobachtungshütte. Am Strand selbst sollten Gelbaugen Pinguine anzutreffen sein. Sie waren da, und fünf von ihnen lieferten eine regelrechte Show für mich ab. Sie watschelten herum, unterhielten sich, sprangen ins Wasser und krabbelten wieder heraus. Das alles auf diese possierliche Art, die man vielleicht aus dem Computerspiel kennt, nur dass sie hier nicht als Wurfgeschosse für einen Yeti dienten. Und dazu die perfekte Kleidung. Der schwarze Frack mit weißem Hemd, die rosa Flossen, der rote Schnabel und der gelbe Streifen bei den Augen, dem sie ihren Namen verdanken. Es gefiel mir richtig gut. Gleich eine Bucht weiter hatten es sich Seelöwen gemütlich gemacht.

Nach diesem beeindruckenden Naturerlebnis das krasse Gegenteil. Die schottische Stadt Dunedin fiel zuerst durch ihren historischen Bahnhof auf, vor dem ein junger Musiker einen Dudelsack quälte. Viele Gebäude waren im viktorianischen Stil, bis hin zu den roten Telefonzellen, und es gab das wahrscheinlich einzige Kilt-Geschäft der südlichen Hemisphäre. Es wurden auch Tassen, Gläser, Krawatten und ähnliches in den verschiedenen Farben der schottischen Clans angeboten. Ich überlegte kurz, im großen Stile einzukaufen. Damit hätte ich mir eine Reise nach Schottland sparen können.

Die Welt hatte sich weitergedreht und die Show musste weitergehen. Auf der langen Einkaufstraße war der totale Sold out angesagt. Der letzte Samstag vor dem Fest. Alles musste raus. Und die Kiwis und Asiaten griffen zu, dass es eine wahre Freude war. Der Rubel rollte, der Dollar floss. Ich näherte mich in ungezählten Klamottenläden der Thematik Pullover immer weiter an. Es blieb aber bei einer Annäherung. So langsam hatte ich das Gefühl, im Winter noch einmal herkommen zu müssen, um einen Pullover meines Gefallens erwerben zu können. Eine Verkäuferin meinte dazu, das wäre doch eine tolle Marktlücke, die ich da für mich entdeckt hätte. Ich befürchtete nur, dass ich von dieser Geschäftsidee nicht würde leben können. Kiwis und Asiaten kamen ohne Pullover prima zurecht.

Schon in der Innenstadt hatte ich einzelne Häuser gesehen, die mich intensiv an San Francisco erinnerten. Dieser Eindruck vertiefte sich bei der Fahrt durch die äußeren Stadteile, weiter in Richtung Süden. Dieselben pastellfarbenen Holzhäuser mit den ganz individuellen Erkern. Verstärkt wurde das noch durch die ähnliche Hügellage der Stadt. Natürlich war alles einige Nummern kleiner als in Kalifornien.

Auf der Fahrt heraus aus Dunedin brachte mich das Flughafenschild auf die Idee, es dort einmal mit der Suche nach deutscher Presse zu probieren. In der Stadt war ich wieder erfolglos gewesen. Der Flughafen lag über dreißig Kilometer außerhalb und war noch deutlich kleiner als der Dresdner. Dafür durfte man eine viertel Stunde kostenlos parken. Auch in der Innenstadt hatte ich umsonst unweit vom Bahnhof geparkt und mich schon gewundert. Ich hatte nur das Schild mit der Aufschrift maximal vier Stunden gelesen und war losmarschiert. Die in der Nähe stehenden Parkautomaten hatte ich völlig übersehen. Als ich nach etwa drei Stunden zurückkam hatte ich keinen Strafzettel an der Scheibe. Entweder war das wieder der Touristenbonus oder die Rechnung kam zu KEA und noch auf mich zu. Sie kam nicht. Deutsche Presse fand ich auch auf dem kleinen Flughafen nicht.

Weiter ging es auf der Southern Scenic Route durch Milton und Balclutha bis nach Kaka Point. Mit vierzehn Dollar, die die Putzfrau – wie sie sich mit diesem einen deutschen Wort vorstellte – entgegennahm, ein sehr preiswerter Platz. Als abendliches Highlight wurde ein doppelter Regenbogen geboten. Die Erde drehte sich weiter. Die Katastrophe war zumindest in Neuseeland noch nicht angekommen.

Den Sonnenaufgang am Nugget Point hatte ich nicht ganz geschafft. Als ich kam, packte gerade ein Profifotograf seine umfangreiche Ausrüstung zusammen. Die Morgenstimmung, allein mit dem Leuchtturm, war trotzdem schön. Vom Parkplatz aus führte ein Weg etwa zehn Minuten die steile Klippe entlang. Den Namen hatte die Stelle von vorgelagerten, einzelnen Felsen, die wie eine Kette aus Nuggets in den Pazifik laufen. Auf den Felsen waren Pinguine, Seelöwen und Seehunde zu Hause. Ob sie auch wirklich alle daheim waren, konnte ich nicht richtig sehen, da die Sonne stark blendete.

Im weiteren Verlauf wurde auf der Southern Scenic Route einiges geboten. In Papatowai kam ich zu früh für die Lost Gypsy Gallery. Zigeuner sind keine Frühaufsteher. An der Straße wurde man von einem Skelett auf einem Fahrrad begrüßt. Der Briefkasten war ein Walfisch aus Wellblech. Ein Mail Whale, wie auf ihm geschrieben stand. Auf einem Schild stand, „Es gibt viele Versuchungen im Leben, der Knopf unten ist eine von ihnen." Nach dem Knopfdruck hatte man ein nasses Gesicht. In einem uralten, grünen Wohnmobil, das wohl für immer abgestellt war, konnte ich durch die Fenster einen Ausstellungs- und Werkstattraum für unbeschreibliche Kuriositäten erkennen. Ein weiteres Schild warnte: „Eltern, kontrolliert Eure Kinder in meinem Bus, oder sie werden (alle) für immer daraus verbannt." Davor gab es einen weiteren Walfisch aus Wellblech, den man mittels einer Kurbel in schwimmende Bewegung versetzen konnte. Mit einem Topf konnte Wasser aus einem kleinen Bassin geschöpft und in einen Trichter gegossen werden. Das Wasser trieb ein aus Muschelschalen bestehendes Rad an, und man sollte auf das Geräusch, das dabei entstand, lauschen. Gerne hätte ich mir die ganze Galerie und weitere Ideen angesehen.

Entschädigt wurde ich durch den Anblick atemberaubender Buchten mit endlosen, einsamen Sandstränden, an denen sich nach wie vor nur Surfer in Neoprenanzügen ins kalte Nass wagten. Dann ein Schild: Niagara Falls. Das musste ich mir natürlich ansehen. Die Fälle wurden von einem Landvermesser so benannt, der die echten in Nordamerika gesehen hatte. Auf dem Weg zu diesem Naturereignis war auf einer Tafel auch ein Bild der Originale zu sehen. Die Spannung stieg. Vorsichtig näherte ich mich dem noch unsichtbaren Tosen. Und wirklich, der Waikawa River stürzte an dieser Stelle sagenhafte einhundert Millimeter in die Tiefe. Vielleicht waren es sogar zweihundert. Ein unbeschreibliches Naturschauspiel.

In Curio Bay begrüßte mich ein weiteres Schild: „Willkommen, du kannst glücklich sein. Du wirst die seltensten Pinguine der Welt sehen, die Gelbaugen Pinguine.“ Unterschrieben mit Ranger Kath. Weiterhin wurde ich informiert, dass die Frackträger zwischen acht und halb neun morgens am aktivsten seien. Dafür war ich nun wiederum zu spät. Ich hätte die ganze Route anders legen müssen. Am Strand gab es trotzdem etwas zu besichtigen. Einen versteinerten Wald. Vulkanascheregen hatte die Bäume vor etwa einhundertsiebzig Millionen Jahren erstickt und konserviert. Die donnernden Wellen des Pazifik legten ihn wieder frei.

Im kleinen Örtchen Fortrose, wieder an einem einsamen Traumstrand gelegen, kam ich auf die absurde Idee, tanken zu wollen. Es gab auch zwei Säulen vor einem Restaurant. Ich hatte die Hand schon an der Zapfpistole, als mir auffiel, dass diese mit einem Schloss gesichert war. Ich ging ins Restaurant und fragte nach. Ein überaus unfreundlicher Southern Man gab mir irgendetwas zur Antwort, das ich nicht verstand. Ich begriff nur, dass es den Diesel nur gegen Cash geben sollte. Das machte mich nun wiederum unfreundlich und ich zog weiter, obwohl das Restaurant einen durchaus angenehmen Eindruck machte und ich mir eine Pause dort vorgestellt hatte. Allein die Aussage, nur Bares zu akzeptieren, machte mich vorsichtig. Da hatte ich so meine Erfahrungen.

Also fuhr ich die Straße bis zum Ende in Bluff. Und dort am Stirling Point war der Highway 1, der ganz Neuseeland von Nord nach Süd durchzieht, auch wirklich und absolut zu Ende. Es kam nur noch der Pazifik und in 4810 Kilometern der Südpol. Für ein dieselbetriebenes Straßenfahrzeug war hier Schluss. Weiter nach Süden ging es nicht.

Lands End hieß auch das Café, das von einem fidelen Rentnerpaar betrieben wurde. Zuerst fand ich dort einen Pullover, der in allen Punkten meinen Vorstellungen entsprochen hätte. Leider gab es nur ein Exemplar, welches mir zu klein war und da schon seit Jahren rumlag, wie mir der Mann erzählte. Meine Geschäftsidee war zumindest in Bluff, am ultimativen Ende der Welt, also schon einmal völlig schiefgegangen. Ich bestellte mir einen Kaffee und den Kuchen des Tages. Dabei hörte ich, wie anderen Gästen, die nach Austern fragten, erklärt wurde, dass die Austernsaison im Winter ist und somit keine frischen Schalentiere zur Verfügung stünden. Ich nahm dies mit einiger Erleichterung zur Kenntnis, da ich mir vorgenommen hatte, einmal diese Austern zu probieren und nach meinem Reiseführer wäre Bluff der einzig empfehlenswerte Ort für diesen Versuch gewesen. Mich hatten schon einige Zweifel geplagt, ob ich wirklich wissen wollte, wie so eine Auster schmeckt.

Nachdem ich der Frau des Hauses für ihren vorzüglichen Kuchen gedankt hatte, winkte sie mich vertraulich in ihre Küche. Stolz zeigte sie mir auf den zwei Kühlschränken angebrachte Magnetbilder aus Europa und dem Pazifischen Raum. Sie war mit ihrem Mann in Deutschland überall gewesen, wo man gewesen sein sollte, auch in Meißen und in ein oder zwei Städten, zu denen mir auf Anhieb nicht einmal einfiel, wo sie überhaupt lagen. Wir unterhielten uns über den beschwerlichen Flug nach Europa, wobei sie auf die Route über Singapur schwor, nur mit einer Hotelübernachtung dort. Nicht so auf einen Ritt, wie ich das gemacht hatte. Zum Abschied ermahnte sie mich, das Einkaufen nicht zu vergessen, da ich am ersten Feiertag sonst nichts zu essen bekommen würde. Und das wäre doch kein Fest ohne den Christmas pudding. Diesmal wünschte ich den beiden ein schönes Fest.

Dass die Kiwis auch durchaus modern sein können, erlebte ich kurz danach. Ich näherte mich vorsichtig einem automatischen Toilettenhäuschen. Nach Berührung einer Sensortaste öffnete sich die Tür zu einer vertraut wirkenden Räumlichkeit. Weniger vertraut war die autoritäre, männliche Lautsprecherstimme, die eine Aufenthaltsdauer von maximal zehn Minuten anordnete. Nach dieser Zeit würde sich die Tür von selbst wieder öffnen. Der deutlichen Ansage folgte entspannte Jazzmusik. Ich verließ den gar nicht so stillen Ort deutlich schneller, und die Stimme wünschte mir – nun freundlich – einen guten Tag.

Bluff selbst war in etwa so, wie man sich das Ende der Welt vorstellen könnte. Geprägt von mehreren großen Düngemittelfabriken, einer Aluminiumhütte, mehreren Öltanks und einem ausgestorbenen Hafen. Viele Geschäfte auf der Hauptstraße hatten aufgegeben, Häuser wirkten oder waren verlassen. Ein Supermarkt und ein Fish and Chips Laden hatten geöffnet. Auch eine Tankstelle fand ich und bekam von einer freundlichen Asiatin frischen Diesel eingeschenkt. Abseits der Hauptstraße waren die Häuser und Gärten gepflegt. In allen Wohnzimmerfenstern stand der Weihnachtsbaum, aber Menschen waren kaum zu sehen. Auch der ordentliche, ungewohnt offene Campingplatz war leer. Auf einem Anschlag wurde auf Honesty Payment hingewiesen. Kasse des Vertrauens, Geld in einen Umschlag stecken und diesen in einen Briefkasten werfen. Der Vorteil dieses Verfahrens war, dass ich mir erst einmal in Ruhe alles ansehen konnte, ohne wie sonst, die Katze im Sack kaufen zu müssen. Meist sah man von der Rezeption aus nicht, was einen dahinter erwartete.

Nachdem die Straße nach Süden nicht mehr weiter ging, war die neue Richtung der Reise

Der Wirt vom Lands End in Bluff hatte mir den Ort Riverton empfohlen. Nach meiner Karte die älteste Stadt der Südinsel. Ich fand sie eher nicht so erbauend. Es gab einen netten Hafen und die übliche Hauptstraße. Auch hier mit etlichen geschlossenen und verfallenden Geschäften. Die Attraktion des Ortes waren zwei Läden mit Schmuck aus den Paua Muscheln. Aber so etwas hatte ich ja schon. Meine Vorräte ergänzte ich, wie von der Wirtin geheißen, in Invercargill, einer gesichtslosen, größeren Stadt. Auch einen Christmas pudding, der sich als ein kleiner, runder Rosinenkuchen erwies, hatte ich erworben.

In Riverton fiel mir ein Hinweisschild zu The Rocks auf. Diese entpuppten sich mal wieder als typisch neuseeländische Übertreibung. Es lagen ein paar Felsen im Meer herum, deswegen aber gleich von The Rocks zu reden, hielt ich für ungerechtfertigt.

Es wurde immer wärmer, und ich beschloss die vorerst letzte Gelegenheit zu einer Erfrischung im Pazifik zu nutzen. Vor mir lag noch die Te Waewae Bay, dann bog der Highway 99 nach Norden in Richtung Fjordland ab. Der Zugang zur Küste stellte sich jedoch als ungemein schwierig heraus. Entweder lagen abgesperrte Weiden zwischen ihr und der Straße, oder es ging zu steil hinab. Eine allerletzte Chance ergab sich mit dem Blue Cliff Beach, dann begannen die Berge des Fjordlandes anzusteigen. Ich fuhr eine endlose Straße, die dann auch noch in Gravel überging. Als die Küste erreicht war, gab es so gut wie keine Möglichkeit, mit meinem knapp sieben Meter langen Ungetüm zu wenden. Ich kurbelte eine Weile schwitzend und fluchend vor mich hin. Jetzt war ich noch heißer auf das Bad. Völlig allein wagte ich mich in die antarktischen Fluten des Pazifik und war auch recht schnell wieder draußen. So langsam verstand ich, warum niemand baden ging. Bösartige Sandfliegen, die sich gleich danach auf mich stürzten, machten es nicht besser. Zumindest hatte ich es geschafft, zu Weihnachten im Ozean gewesen zu sein. Sehr erfrischt fuhr ich weiter.

In Clifden gab es noch die Ruine der 1899 erbauten, ersten und einzigen Hängebrücke Neuseelands zu bewundern. Spannweite immerhin einhundertelf Meter. Danach begann die Strecke wieder kurviger zu werden. Auch die Berge ringsum wuchsen empor und hatten teilweise kleine Schneehauben.

Es war mittlerweile regelrecht heiß geworden, und ich war froh, einen schattigen Platz auf dem Gelände der Possum Lodge zu finden. Ein ganz kleiner Privatplatz mit höchstens zehn Stellplätzen. Weihnachten ganz in Familie. Ich nutzte die Gelegenheit und ließ mir einen Platz am Milford Sound für die nächsten zwei Tage reservieren. Ich wusste nicht, was da für ein Andrang herrschen würde, und mir schien es so sicherer. Als Gegenleistung sollte ich als Postbote fungieren und einen Umschlag dorthin mitnehmen.

Nach einem Spaziergang am See, leicht türkisfarben und nur auf einer Seite hohe Berge, flüchtete ich vor der Sonne zu meinem Schattenplatz. Den Nachrichten hatte ich entnommen, dass ich es mit knappen dreißig Grad zu tun hatte. Das hatte ich mir immer zu Weihnachten gewünscht.

Am Abend fragte mich die Eigentümerin des Platzes, wie es mir ginge, so allein, während alle anderen Grüppchen ein sommerliches Weihnachten feierten. Drei Polen hatten sogar Nadelzweige gesucht und saßen nun bei spätem Kerzenschein im Gemeinschaftsraum. Ich gestand, etwas einsam zu sein, so weit weg von zu Haus. Die Frau munterte mich auf und sagte mir das Passwort für das kabellose Internet. Das war wegen des hohen internationalen Feiertages ausnahmsweise einmal kostenlos.

In einem Reiseführer hatte ich gelesen, dass man die Milford Road, die einzige befestigte Straße, die ins Fjordland führt, entweder früh beizeiten oder aber nach dem Mittag fahren solle. Die restliche Tageszeit wäre man in einer Kolonne von Bussen mit Tagestouristen von Qeenstown unterwegs. Ich entschied mich für die frühe Variante und störte wahrscheinlich die familiäre Weihnachtsmorgenruhe auf dem sehr intimen Zeltplatzrund.

Die Straße verlief etwa dreißig Kilometer entlang des Lake Te Anau, dem größten See der Südinsel. Leider waren nur wenige Blicke darauf zu erhaschen, da der See die meiste Zeit von Bäumen verdeckt war. Nach einigen Kilometern, auf denen nichts Besonderes geboten wurde, taucht man ein in die Welt der Fjorde. Mich erinnerte die Straße natürlich an Norwegen, aber anfangs waren auch Elemente des Yosemite und des Zion Nationalparks in den USA vertreten. Erst führte die Fahrt durch ein sehr breites Tal mit einem mäandernden Fluss in der Mitte, saftigen Blumenwiesen und an den Seiten himmelwärts ansteigenden Felswänden. Zwischendurch eine kleine Auflockerung mit den Mirror Lakes, in denen das Spiegelbild der Berge fast schärfer als die Originale abgebildet war. Die Felswände rückten immer weiter zusammen und die Straße verschwand im Homer Tunnel, in dem es etwa zwei Kilometer bergab ging. Aber das war erst der Anfang. Auf geschätzten tausend Metern über dem Talboden wurde man aus dem Tunnel entlassen. Danach ging es in für Mensch und Material anspruchsvollen, steilen Serpentinen bergab. Rons vier Zylinder hatten diesem Abstieg nicht allzu viel entgegenzusetzen und unten angekommen musste ich erst einmal halten, um die qualmenden Bremsen abkühlen zu lassen.

Im Ort war noch nicht viel los und ich ging zuerst zum Wasser, um den berühmten Mitre Peak abzulichten. Eine gute Entscheidung, wie ich später feststellte, da ich den Zeitpunkt des höchsten Wasserstandes und noch ruhige See für das ideale Foto erwischt hatte. Als nächstes versuchte ich, einen Flug über den Fjord zu buchen. Das erwies sich als nicht einfach, da alle Tourismusunternehmen wegen des Feiertages nur auf halber Kraft liefen, auf Grund des prima Wetters jedoch eine große Nachfrage herrschte. Ein Pilot, den ich am Flughafen fragte, nahm mich im Bus mit zum Fährterminal, wo er fragen wollte, ob eventuell ein Platz für einen Hin- und Rückflug nach Queenstown verfügbar wäre. Die Rundflüge vor Ort fanden an diesem Tag nicht statt, da alle Flieger von Touristen aus Queenstown gebucht waren. Seine Idee funktionierte leider nicht. Ich hätte zwar mit einer Maschine nach Queenstown fliegen können, wäre aber von dort nicht mehr zum Milford Sound zurückgekommen.

Ich buchte für den Nachmittag eine Schifffahrt und fuhr erst einmal zur Lodge. Meine Reservierung erwies sich als sehr gute Idee, da die Rezeption der Lodge nicht besetzt war und die wenigen Stellplätze als besetzt angezeigt waren. Ich fand eine Mitarbeiterin und übergab erst einmal den Brief. Dank der Vorbestellung bekam ich einen Platz zugewiesen und mitgeteilt, dass es wegen des Feiertages keinen Service an der Rezeption gäbe. Alles was ich wünsche, müsse einen Tag warten. Ich machte mich für meine Bootstour fertig.

Am Terminal wimmelte es inzwischen vor Menschen, und der riesige Busparkplatz davor war gut gefüllt. Das Schiff, mit dem ich fuhr, war ein Hybrid aus Segel- und Motorboot. Durch den Milford Sound, vorbei an den bis zu knapp zweitausend Meter ansteigenden Bergen, mehreren Wasserfällen, darunter mit den Stirling Falls die zweithöchsten Neuseelands, ging es gegen einen harten Wind mit Motorkraft voran. Auf der freien Tasman Sea wurden dann die Segel gesetzt und das Schiff drehte eine kleine Runde vor der Einfahrt zum Fjord. Dabei gab es eine Tümmlerfamilie zu beobachten. Zurück ging es wieder mit Motorkraft. Mächtig zerzaust und verbrannt lief ich die halbe Stunde zur Lodge zurück. Der erste halbe Ruhetag hatte es in sich gehabt.

Nach einem ruhigen Vormittag, an dem ich meinen Haushalt in Ordnung brachte und meine von Mückenstichen und zu viel Sonne gequälte Haut pflegte, unternahm ich einen neuen Versuch, mich in die Lüfte zu erheben. In der Lodge bekam ich nur zur Antwort, dass es mit einem Flugzeug wieder nicht klappte, da alle Flüge von Queenstown abgingen und für eine Person kein Extrarundflug stattfinden würde. Es bestehe jedoch die Möglichkeit, einen Platz in einem der nun wieder fliegenden Hubschrauber zu bekommen. Ich ließ mich dort vormerken und ging etwas später dann auch selbst zum Flugplatz, wo mir gesagt wurde, am Nachmittag wäre vielleicht etwas möglich. Ich spazierte ein Stück am Fjord entlang und stellte fest, dass ich am Vortag großes Glück mit dem Wetter gehabt hatte. So grau in grau hatte der Mitre Peak deutlich weniger Strahlkraft. Der Fußweg zu den Bowen Falls war wegen der Gefahr eines Steinschlages gesperrt und ich zog unverrichteter Dinge zurück in den Ort, um im Blue Duck Mittag zu essen. Auf dem Rückweg zur Lodge fragte ich ohne große Hoffnung noch einmal beim Flugplatz nach, ob sich etwas ergeben hatte. Die Angestellte sagte, sie hätte eine gute und eine schlechte Nachricht für mich. Ich könne bei einer Familie mitfliegen, diese habe aber das teuerste Paket gebucht. Dann versuchte sie noch, mir die Route in den schillerndsten Farben schmackhaft zu machen. Meine Entscheidung war schon auf der Fahrt zum Milford Sound gefallen, und ich antwortete ihr nur: „Es ist Weihnachten." Mit dem Eintrag meines Namens in die Flugliste und der Zahlung von 450 Dollar war das nächste Abenteuer gebucht.

Die Familie bestand aus Mutter, Vater und zwei Söhnen im Teenager Alter. Schnell bekam ich heraus, dass sie aus den USA waren, da ich sie sehr gut verstand und der Vater mir später die Höhe eines Berges in Fuß mitteilte.

Begeistert von unserem Mut hoben wir ab. Der Hubschrauber hatte zusätzlich zum Piloten zwei sehr enge Plätze vorne und vier Plätze in der zweiten Reihe. Bei den Zwischenlandungen wurden immer die Sitze gewechselt, so dass alle einmal vorne saßen. Jeder hatte ein Headset, über das man kommunizieren konnte. Meist lief harte Rockmusik, in die hinein der Pilot seine Erläuterungen sprach. Die Flugroute verlief zunächst entlang des Milford Tracks, ein sehr beliebter viertägiger Wanderweg, bis zu den Sutherland Falls. Das waren dann mit 580 Metern endgültig die höchsten Wasserfälle Neuseelands, obwohl da nicht völlige Einigkeit unter den Kiwis herrschte. Für mich waren sie es. Erreichbar nur zu Fuß oder eben aus der Luft. Die Fälle entsprangen dem Lake Quill, und genau neben dem Einschnitt in den Felsen landete der Pilot für einen ersten kleinen Rundgang. Ich hatte mir das von oben gesehen gar nicht vorstellen können, aber nach dem Aussteigen erwies sich der Standort als völlig ausreichend, auch um herumzulaufen und das beeindruckende Panorama genießen zu können.

Da sich bisher niemand beschwert hatte, flog der Pilot nun mehr Kurven und auch immer dichter an die Bergflanken heran und über die Grate hinweg. Es gab herrliche Blicke über den Milford Sound bis hin zur Tasmanischen See, und der Pilot zog die Maschine immer höher. Etwas unterhalb des Mount Tutoko, mit 2723 Meter der höchste Gipfel der Gegend, gab es eine zweite Landung, direkt im Schnee. Wiederum hatte ich es mir beim Anflug nicht vorstellen können, dort zu landen. Es war dann aber gar nicht so ungemütlich da oben. Nun hatte ich doch noch Schnee zu Weihnachten bekommen und grandiose Ausblicke dazu.

Beim Rückflug kamen mir dann teilweise Bedenken, das Mittagessen wiederzusehen. Der Pilot zog jetzt alle Register, um seine Gäste zu begeistern. Er flog gefühlt mehrere Runden in allen denkbaren Schräglagen und unvorstellbar dicht an Gletscherspalten heran, damit wir die schöne blaue Färbung bewundern konnten. Nur ein Looping fehlte, aber der ist mit einem Hubschrauber meines Wissens auch nicht möglich. Von diesem Abschnitt des Fluges gibt es keine Bilder. Ich war froh, als wieder halbwegs eindeutig oben und unten erkennbar war. Es folgten noch mehrere Gratüberflüge, bei denen die Frau, die nun neben mir saß, dem Piloten mit Handbewegungen anzuzeigen versuchte, er solle doch das Hochziehen der Maschine nicht vergessen. Ich fand den Moment nach dem Grat beeindruckender, wenn plötzlich jeder Untergrund unter der Maschine verschwand, und ich kurz glaubte, ins Bodenlose zu fallen. Der Pilot machte seine Sache gut und wir landeten sicher. Mit immer noch leicht mulmigem Gefühl im Bauch lief ich zur Lodge zurück und freute mich, wieder festen Boden unter den Füßen zu haben. Obwohl es zuerst ein Stück zurück nach Süden ging, war der Milford Sound der westlichste Punkt der Reise und die Richtung für die zweite Hälfte lautete

NORD

Der Rückweg auf der Milford Road nach Te Anau verlief deutlich weniger spektakulär als die Hinfahrt. Der Himmel war trüb, und schon sah alles weniger anziehend aus. Auch war der Anstieg zum Homer Tunnel komischerweise weniger steil als die Abfahrt. Sehr positiv überrascht wurde ich in Te Anau. Eigentlich wollte ich in der Information nur nach der Dump Station fragen, da ich am Milford Sound zwar mein Schmutzwasser losgeworden war aber kein frisches Trinkwasser tanken konnte. Die Information entpuppte sich als ein Zwischenstopp für die Busse von Queenstown zum Fjord. Und da gab es ein riesiges Angebot an Souvenirs. Auf den zweiten Blick fand ich eine Auswahl an Pullovern meines Geschmackes. Ich konnte das kaum fassen und kaufte gleich zwei. Zumindest in diesem Ort war meine Geschäftsidee schon verwirklicht und ich konnte einen weiteren Punkt auf meiner to do Liste abhaken. Das war ein langer Kampf gewesen. An der Dump Station gab es auch noch frisches Wasser und so hatte sich der Halt richtig gelohnt.

Glenorchy ist auf dem Luftweg nur etwa fünfzig Kilometer vom Milford Sound entfernt. Da ich aber eine Straße benutzen musste, benötigte ich für die Strecke knapp vierhundert Kilometer. Die Bergkette der Eyre Mountains war zu umfahren. Und das zog sich recht ereignislos in die Länge. Interessant wurde es erst, als der Lake Wakatipu in Sicht kam. Meiner Meinung nach der längste See der Südinsel. Bis Queenstown etwa fünfzig Kilometer und von dort nach Glenorchy noch einmal fünfundvierzig. Und es war wieder so ein unglaublich blauer See, umgeben von Bergketten, im Hintergrund schneebedeckte Gipfel. Um das noch zu steigern, führte die Straße die meiste Strecke direkt am See entlang. Teilweise erinnerte er mich an die flachere Seite des Gardasees. Die Verkehrsdichte war auch ähnlich. Scheinbar hatten sich alle Kiwis der Gegend und ihre Gäste in den Kopf gesetzt, gerade an diesem Tag nach Queenstown zu fahren. Ich fragte mich, wie sich das auf die Stadt auswirken würde. Es war nicht so schön. Queenstown bestand aus geschätzt einer Million Hotel-, Motel-, Apartment- und noch einiger zusätzlicher Betten, für die Leute, die die Ersteren machen mussten. Eine unglaubliche Bettenburg und das Zentrum der touristischen Extrembespaßung. In den Büros konnte alles gebucht werden, was man schon mal gehört hatte, und ich bin mir sicher, man hätte auch auf Wunsch eine neue Extremsportart erfunden bekommen. Gesehen habe ich Jetboote, Jetski, Paraglider und jemand, der sich an einem Fallschirm hängend von einem Boot über den See ziehen ließ. Die Stadt der Königin war schön angelegt, mit ansprechenden Gebäuden und Läden in sehr gutem Zustand. Allein es war viel zu viel Verkehr, da sich der Highway direkt durch das ohnehin überlastete Zentrum quälen musste. Eine Umgehung des Zentrums war mir nicht aufgefallen. Und es waren deutlich zu viele Menschen unterwegs. Das sehr übersichtliche Stadtzentrum platzte aus allen Nähten, und ich sah zu, dass ich weiterkam.

Ein kurzer Versuch, die European Bakery zu finden, in der mein Leidensgenosse vom Hinflug arbeiten wollte, scheiterte. An der Information erfuhr ich von einer deutschen Angestellten, dass diese Bäckerei in einem Vorort in der Richtung lag, aus der ich gekommen war.

Kaum hatte ich Queenstown verlassen, beruhigte sich alles, und die Straße am See entlang, auf die schneebedeckten Berge der Southern Alps zu, war wieder ein Genuss. Am Ortseingang begrüßte mich ein Schild mit den Worten „Welcome to Glenorchy, the Gateway to Paradise“. Ich fragte den Besitzer des Zeltplatzes danach. Aus seiner, mir mal wieder völlig unverständlichen Antwort erriet ich, dass es sich beim Paradies um einen kleinen Ort an einem Wanderweg handele, der von Glenorchy ausging. In der Karte fand ich das dann bestätigt und noch die

Information, dass dort mehrere Szenen der Herr der Ringe Filme gedreht worden waren. Mir genügte die beeindruckende Aussicht vom Zeltplatz, und ich gab mich damit zufrieden, am Tor zum Paradies angekommen zu sein.

Queenstown ließ ich zügig hinter mir und fuhr in die raue Gegend von Central Otago. Gelbes, ockerfarbenes und hügeliges Goldgräberland. In Otago werden noch immer mehrere Tonnen Gold im Jahr gefördert. Jedoch im großen, industriellen Stil, nicht mehr mit der Waschpfanne, die nur Touristen angeboten wird. Doch zunächst kamen die aktuellen Goldfelder. Am Kawarau River sind die Heimat und der weltweite Ursprung des Bungee-Jumping zu finden. Ich schaute mir die Vorbereitungen für Sprünge von einer dreiundvierzig Meter hohen Brücke an. Optional gab es den Sprung auch mit Wasserberührung. Kundschaft war noch keine da, aber jede Menge interessierte Asiaten. Einige Kilometer weiter wurde dann ein Sprung aus 134 Meter Höhe angeboten. Nichts für mich. Mir reichte das Linksfahren.

Am Ende des Canyons sollte ein Mining Centre zu besichtigen sein. War es auch. Es sollte auch das allerbeste Essen, den allerbesten Wein und den allerbesten Kaffee des Landes dort geben. Leider war ich mal wieder zu früh dran und konnte leider, leider nicht bedient werden. Also fuhr ich weiter und schaute mir die Wein- und Obstplantagen in der Ebene rund um Cromwell an. Das Stadtzentrum selber war mit riesigen Obstskulpturen verziert, damit es auch der Letzte begriff, dass es da Obst gab. Zusätzlich zum Obstangebot war gerade Markttag, und ich fand einen Stand der European Bakery, die auch wirklich eine Alternative zum ewigen pappigen Weißbrot hatte. Zwar kein echtes Mischbrot, aber endlich eine Abwechslung.

Mit einem kurzen Abstecher nach Wanaka ging es weiter zum Lake Hawea. An der Rezeption des Holiday Park bekam ich bestätigt, was ich schon den ganzen Tag vermutet hatte. Es sei alles etwas durcheinander, da das erste Ferienwochenende begonnen habe und alle Kiwis in den Urlaub fuhren. Schon auf den Straßen war – für neuseeländische Verhältnisse – die Hölle losgewesen. Auch der Ort Wanaka war überlaufen mit vergnügungssüchtigen Kiwis. Am Lake Hawea setzte sich das fort. Auf dem Wasser waren diverse motorbetriebene Spaßvehikel unterwegs und machten jede Menge Lärm. Jedes zweite Auto auf dem Zeltplatz hatte einen Hänger mit einem Boot hintendran, teilweise gar nicht so kleine.

Schon seit Tagen ging mir durch den Kopf, dass sich die Kiwis und die Amerikaner, meiner Meinung nach, sehr ähnlich waren. Es war zwar alles etwas kleiner als in den USA, aber in der Lebensweise, die ich bisher erlebt hatte, fand ich sehr viele Parallelen. Angefangen vom Aufbau der Städte und Orte, die alle an einer Hauptdurchgangsstraße liegen und an den Rändern zerfransen, über die zumeist aus Holz bestehenden Häuser, die gerne auch mal vier Garagen haben konnten, bis hin zu der Art der angebotenen Lebensmittel. Auch das Herumkurven mit allen denkbaren, motorbetriebenen Spaßmobilen zu Land, in der Luft und auf der oder dem See, gerne in freier, unberührter Natur, hatte ich in ganz genau derselben Art und Weise in Nordamerika erlebt. Ich will die Kanadier nicht ausschließen. Vielleicht waren die Kiwis nicht ganz so oberflächlich freundlich wie die Amerikaner, aber dafür verstand ich sie deutlich schlechter. Die bisher größten Unterschiede, die ich feststellen konnte, waren natürlich der Linksverkehr, vorhandene und benutzte Fußwege und der Zustand der Toiletten und Waschräume. War ich da von der Sauberkeit der Amerikaner sehr beeindruckt gewesen, nahmen es die Kiwis damit eher lockerer und ich zog des Öfteren meine eigene Dusche der öffentlichen vor. Dazu muss man wissen, dass das Duschen in der engen Kabine des Wohnmobiles nun wirklich keinen sonderlichen Spaß bereitet und ja auch mit Aufwand verbunden ist. Es muss mehr Wasser entsorgt und nachgefüllt werden.

Verwirrend war für mich, dass ich kein System in der Preisgestaltung der Campingplätze erkennen konnte. Der Preis hatte weder mit dem Zustand der Einrichtungen noch mit der Lage des Platzes einen Zusammenhang. Im Gegenteil, oft waren die bestgepflegtesten Anlagen an den schönsten Orten zu finden und dann auch noch eher preiswert, wobei ich mit preiswert zwanzig Dollar für eine Person und Nacht, einschließlich Stromanschluß, meine. Der Nachteil an diesen Plätzen war natürlich, dass dort auch mit schlafwandlerischer Sicherheit die deutsche Karawane Station machte. Wie immer konnte man nicht alles auf einmal haben.

Auf dem Highway 6, der sich später Glacier Highway nennen sollte, bekam ich die Gelegenheit für ein Bild, auf das ich gewartet hatte. Die Straße war voller Schafe, die von einer Weide am Ufer des Lake Hawea hinauf in die kargeren Hügel wechselten. Die Herde fand ihren Weg allein, aber genau wie ich gelesen hatte, passten zwei Hunde auf, dass dies zügig vonstattenging. Die Hunde hatten dabei unterschiedliche Kompetenzen. Einer musste völlig lautlos – Bellen wurde mit Erschießen bestraft – nur durch sein Auftreten, die Herde in Schach halten, der Andere durfte bellen. Genau so lief es auch ab.

Kurz darauf wechselte der See die Seite und hieß nun Lake Wanaka. Alles andere blieb wie gehabt. Gelbe bis braune, vertrocknete Hügelketten um einen blauen See herum, der Highway dicht daneben. In Richtung der Southern Alps, hinauf auf den wiederum harmlosen Haast Pass, der auch keine Höhenangabe bekommen hatte, verdichteten sich die Wolken immer mehr. Es begann zu nieseln.

Mit der Überquerung des Passes und einer etwas steileren Abfahrt bei den Gates of Haast, einer engen Schlucht, in der der Fluss an Kraft zunahm, änderte sich nicht nur das Wetter, sondern auch die Landschaft schlagartig. War es bis dahin noch freundlich gewesen, regnete es immer mehr, und aus den verdorrten Weiden wurde ein dunkelgrüner, dichter Regenwald. Nur der Haast River behielt auch auf der anderen Seite der Wasserscheide seinen Namen, was ich nicht ganz nachvollziehen konnte, aber offensichtlich war der Herr Haast sehr bedeutend gewesen, da alles in der Gegend nach ihm benannt war. Nur der Nationalpark hieß nicht Haast sondern Mount Aspiring. Ich recherchierte später und fand, dass Sir Johann Franz Julius von Haast ein deutsch-neuseeländischer Geologe, Naturforscher und Professor des Fachbereiches Geologie am Canterbury College in Neuseeland gewesen war. Mit der Gründung des Canterbury Museums hatte er sich ein Denkmal gesetzt.

Nach dem urwüchsigen Southland, dem wilden Fjordland und dem rauen Otago, war ich nun im regen- und sturmgepeitschten Westland, der West Coast, angekommen – sehr gut an dem schrägen, der Küste abweisenden Wuchs der Bäume zu erkennen.

Im Ort Haast selber – eine Tankstelle, ein Hotel, ein Restaurant, eine sehr gute Information und diverse Busse voller Asiaten – schob ich die Entscheidung, wie es weitergehen sollte, vor mir her. Ich hatte mich auf einen Platz an der Tasmanischen See gefreut, aber das Wetter war nicht für einen Strandaufenthalt geeignet, und der Platz lag auch nicht am Strand, wo ich wenigstens die Aussicht auf die bewegte See gehabt hätte.

Ich kehrte in dem Restaurant ein und wurde sehr angenehm überrascht. Ein großer Raum mit einladenden Holztischen, von massiven Lederstühlen umstanden, in der Mitte ein Kamin, in dem einige große Scheite brannten, eine mehr als angemessen bestückte Bar und – vielleicht das Wichtigste – die Musik war erträglich laut. Die sich viel zu sehr in den Vordergrund aufdrängende Hintergrundmusik hatte mich schon aus etlichen Lokalen vertrieben. Noch besser wurde es, als ich auf der Karte „Pork Schnitzel“ – vom Barmann „Snitzel“ ausgesprochen – fand.

Dazu gab es Pommes, Salat und statt Ketchup ein Schälchen mit Apfelmus. Genaugenommen war das das erste richtige Essen, seit ich unterwegs war. Es war schön.

Derart gestärkt und aufgemuntert ging es weiter die Küste entlang. Von dieser war jedoch nicht viel zu sehen, da der Highway etwas landeinwärts durch den Regenwald, der seinem Namen alle Ehre machte, führte. Nur ab und zu gab es einen Aussichtspunkt, der einen kleinen Eindruck von der schroffen Küste verschaffte. Auf einer Lichtung am Lake Paringa lud ein sehr gepflegter, staatlicher Zeltplatz – ohne Strom und Wasser, mit Plumpsklo – für sechs Dollar zum Verweilen ein. Leider nahm mir auch dort der Regen die Entscheidung ab, da ich bei dem Mistwetter nicht bereit war, auf Strom und den damit verbundenen Luxus des Heizlüfters zu verzichten. Ich fuhr weiter, am wolkenverschleierten Fox Glacier und Mount Cook vorbei und fand in der Fox Glacier Lodge einen sehr schönen Platz. Am Eingang wehten die Fahnen der USA, der Schweiz und Deutschlands, und die Anlagen waren sehr gepflegt. Und wieder einmal verstand ich die Preisgestaltung nicht. Der Platz befand sich an einem der touristischen Highlights, er war sehr schön angelegt, erstmals hatte sogar jeder Stellplatz eine Picknickbank und die Waschräume waren mit Abstand die besten und saubersten der Reise. Der Preis dafür lag mit siebzehn Dollar eher im unteren Bereich dessen, was ich erlebt hatte.

Eine kurze Regenpause nutze ich, um mir den kleinen Ort, der hauptsächlich aus Hotels, Motels und Restaurants bestand, anzusehen, dann trieb mich immer heftiger werdender Sturzregen zurück in meine Luxuscampingwohnung, und ich holte den Heizlüfter raus.

Der Regen übernahm die Planung. Ich versuchte eine Pause zu erwischen, um das Stromkabel einzurollen, Wasser nachzufüllen und abzulassen. Es misslang. Als ich losfuhr, war die Regenjacke von außen nass.

Auf dem Parkplatz vom Fox Glacier wartete ich eine weitere Unterbrechung des Regens ab und marschierte unerschrocken los. Es waren nur fünfhundert Meter bis zum Aussichtspunkt auf das Eis. Auf halber Strecke fing es wieder an zu regnen. Einige Leute, die mit mir gestartet waren, drehten um. Ich lief stur weiter, machte ein nichtssagendes Foto, da in dem ganzen Dunst so gut wie nichts zu erkennen war, und lief zurück. Ich war klatschnass und musste einen kompletten Wäschewechsel durchführen. Die Hightech-Regenjacke von Adidas war jetzt auch von innen nass.

Zum Aufwärmen und Zeitschinden fuhr ich weiter zum Lake Matheson, in dem sich bei gutem Wetter die Gipfel des Mount Tasman und des Mount Cook spiegelten. In einem sehr modern eingerichteten Café, mit großen Glasfronten für den Blick auf die Berge, wartete ich auf eine weitere niederschlagsfreie Periode. Die Berge, die durch die Panoramascheiben zu sehen sein sollten, versteckten sich im Dunst. Ich bestellte mir ein authentisches, neuseeländisches Frühstück, bestehend aus Spiegeleiern auf Toast, Kartoffelpuffern und weißen Bohnen in Tomatensoße. Es nützte nichts. Der Regen wurde wieder stärker. Ich gab die ganze Sache auf und fuhr weiter zum nächsten Gletscher.

Die zwanzig Kilometer bis zum Franz Josef Glacier ging es auf einer anstrengenden, an- und absteigenden Serpentinenstrecke durch den vor sich hin dampfenden Regenwald. Auf dem Parkplatz wartete ich eine halbe Stunde, die ich nutzte, mich darüber zu informieren, dass der Weg, um etwas Eis zu sehen, mit reichlich einer Stunde veranschlagt war. Es goss. Ich hatte keine Lust zu einem zweiten Klamottenwechsel und fuhr in den Ort. In der Information gab es nur einen Wetterbericht für das Gletschergebiet. Die nächsten Tage ausnahmslos Regen. Ich hätte gerne erfahren, wie es weiter nördlich auf der Insel aussah, da ich im Wetterbericht gesehen hatte, dass die Regenfront von der Nordinsel nach Süden zog.

Nach langer Überlegung, während ich mir die möglichen Stellplätze im Ort ansah, entschied ich, dass die Gletscher noch eine Chance bekommen sollten und fuhr in den Rainforest Holiday Park. Dort war der Name Programm. Im sehr großzügig angelegten Park gab es Hütten und Stellplätze wirklich unmittelbar im Regenwald. Ich stand umgeben von bemoosten Bäumen, tropfenden Palmen und riesigen, dampfenden Farnen. So konnte ich mir dieses Stück Natur – ganz im Trockenen – durch die Fenster ansehen. Es gab sogar kurze Abschnitte, in denen sich die Sonne zeigte. Ich ließ mich davon jedoch zu Recht nicht beirren. Fünf Minuten später kam der nächste Schauer.

Eine etwas längere Regenpause verleitete mich dann doch zu einem Kurztrip in den Ort. Die Regenjacke war inzwischen nur noch innen nass, doch das änderte sich schnell. Es gab verschiedene Anbieter von Flugzeug- oder Helikopterflügen, in deren Büros sich die Angestellten langweilten. Diesmal war ich am richtigen Ort für einen Flug, nur wurde nicht geflogen. Auf den überdachten Terrassen der Restaurants sah ich Leute vor Feuerschalen und offenen, heimelig brennenden Kaminen sitzen. Da ich wieder ordentlich nass geworden war, kehrte ich zu meinem auch nicht zu verachtenden Heizlüfter zurück und hörte wieder dem knisternden Prasseln auf dem Dach zu.

Eine Gelegenheit etwas mehr zu Ron, meinem Vier-Bett-Luxuswohnmobil, zu sagen. Eine mit allen Schikanen der Technik ausgestattete, fahrbare Einraumwohnung. Aufgebaut auf Basis des Ford Transit, leider des europäischen, mit einem Vierzylinder Turbodieselmotor, der an Steigungen und bei Abfahrten ordentlich zu kämpfen hatte. Leider auch mit allzu viel europäischem technischen Schnickschnack. Daher zu Störungen neigend. Die amerikanische Achtzylinderversion hatte viele dieser elektronischen Extras nicht gehabt, war dafür aber auch deutlich robuster gewesen.

Es gab eine kunstlederne Sitzecke mit drei Plätzen und ein

langes Sofa gegenüber. Eine Toilette, die gleichzeitig die Dusche darstellte und den Küchenbereich. Geschlafen wurde im Alkoven über dem Cockpit. Warmes Wasser konnte mit Strom oder mit Gas erzeugt werden. Warmes Essen bereitete man auf dem Gasherd oder mit der Mikrowelle zu. Der Kühlschrank wurde nur elektrisch betrieben und war das Erste, was bei leeren Batterien ausfallen würde. Da fand ich die amerikanische Lösung, bei der auch der Kühlschrank mit Strom oder Gas betrieben werden konnte, deutlich geschickter. Besser waren die sehr großzügigen Schränke und Staufächer, die sich an der Decke fast rundum zogen. Die Klimaanlage und der wichtige Heizlüfter funktionierten nur bei Stromanschluß. Heizen war auch mit Gas möglich, das Gebläse machte jedoch ordentlich Krach und die Wirkung war geringer. Ein Schmankerl war die Entertainment Ausrüstung. Das Radio mit CD Player und Satellitenfernsehen. Wobei letzteres auf der Südinsel oft nicht funktionierte, weil kein Empfang aufgebaut werden konnte. Das war, mit Ausnahme des Wetterberichtes, kein Problem, da auch das Fernsehprogramm dem amerikanischen sehr ähnlich war. Spielfilme wurden gefühlt alle Viertelstunden von Werbung unterbrochen, die Hauptnachrichtensendung im Ersten noch häufiger.

Sehr schön waren die großen Fensterflächen im Sitzbereich und vor allem das Heckfenster. Das half nicht nur beim Rückwärtsfahren, bei dem die Rückfahrkamera nur rätselhafte, körnige, schwarz-weiße Bilder lieferte. Richtig hingestellt konnte man daraus das Meer, den See, Sonnenuntergänge, Mondaufgänge oder eben auch nassen Regenwald beobachten, ohne den Unbilden der Natur ausgesetzt zu sein.

Ob ich wirklich ganz allein mit diesem Großraumfahrzeug unterwegs sei, war die meistgestellte Frage an mich. Teilweise hatte ich da auch ein schlechtes Gewissen. Viele meiner Mitcamper schliefen zu viert in sehr viel kleineren Mobilen. Ich wies dann immer auf meine Amerikaerfahrungen hin und darauf, dass das in Neuseeland größte Wohnmobil dem kleinsten in Amerika entsprach. Auch der Hinweis, dass ich bei sechs Wochen auf der Straße eine geräumigere Unterkunft benötigte, fand Verständnis. Und ehrlich gesagt: Beim Anblick der sich bei strömendem Regen mit einem Zelt und einem PKW herumquälenden Leidensgenossen, war ich froh, mich für die Luxusvariante entschieden zu haben.

Der Franz Josef Glacier bekam seine zweite Chance, nutzte sie aber leider nicht wirklich. Im Wetterbericht war von leichtem Regen die Rede gewesen. Ich hätte ihn eher als mittelstark bezeichnet. Ich musste mich nach der Gletscherbesichtigung nicht umziehen, aber trocken war etwas anderes. Ich bekam eine Ahnung von hellblauem Eis vermittelt, das sich in einer sehr breiten Schlucht zu Tale wälzte. Auch der, den Gletscher zu etwas Einmaligem machende, nahtlose Übergang von schroffer Bergwelt zum Regenwald war erkennbar. Der Rest verschwand in Regen und Dunst. Von einem Gipfel nichts zu sehen. Da von Seiten der Tasmanischen See auch nur weitere dunkle Wolken an die Berge drückten, beschloss ich, dass ich genug von den Gletschern und ihrem Regen hatte. Auf dem Highway 6 ging es weiter in Richtung des, wie ich hoffte, sonnigen Nordens.

Allzu weit musste ich auch nicht fahren. Schon im reichlich sechzig Kilometer entfernten Harihari waren erste blaue Lücken im dunklen Himmelsgrau zu erkennen. Ich feierte das und den schönen Namen des Ortes mit einem frisch gebrühten Long Black.

Etwas weiter auf der Straße durch den Regenwald machte mich in Pukekura eine riesige Mücke, die an einem Gebäude hing, auf „The Bushman's Centre, Food, Crafts, Museum“ aufmerksam. Daneben wurde ergänzt: „Home of Pete´s Possum Pies“. Das musste ich mir genauer ansehen. Das Innere des großen Ladens, Museums und Restaurants wirkte nicht unbedingt einladend, eher originell und sehr, sehr eigen. In dem Museum, in dem es für vier Dollar außer jeder Menge Motorsägen und ausgestopften Tieren nicht allzu viel zu sehen gab, war es eher enttäuschend. Interessant war nur ein dunkler Bereich mit mehreren, deckenhohen Käfigen. Ich vermutete irgendeine seltene Vogelart, vielleicht ja sogar einen Kiwi, zu entdecken. Auf einem Kasten stand unter einem Schalter man solle diesen bedienen, was ich auch sofort erwartungsvoll tat. Für irgendetwas mussten die vier Dollar doch gewesen sein. Sie waren für eine ausführliche Gesichtswäsche. Ich war mal wieder auf den schrägen Humor der Kiwis hereingefallen. Die Käfige waren leer.

Als Entschädigung gab es dann am Verkaufstresen, hinter dem ein echtes, gummibestiefeltes, bärtiges Original vor sich hin grinste, einiges übers Wetter zu erfahren. „Das Wetter Heute – es regnet. Bevor Du depressiv wirst, oder Dich bei uns über das Wetter beschwerst, bedenke dies!!! Du bist in einem Regenwald. Der benötigt Regen so wie Du eben nicht. Es ist Frühling, Regensaison. Wir haben Deinen Urlaub nicht geplant, DU HAST ES GETAN!! Du bist an der wilden West Coast. GENIESSE die Erfahrung unseres wilden Wetters. Wenn Du aus einem trockenen Klima kommst, genieße das Gefühl, nackt durch den Regen zu rennen. Wenn Du nur SONNE in deinem Urlaub willst, dann geh in die SAHARA. Wenn Du aus England bist, dann achte den Aufwand, den wir betrieben haben, damit Du Dich wie zu Hause fühlst. BITTE – frag uns nicht, wie das Wetter werden wird – WIR ARBEITEN!! DU hast Ferien und Zeit, die Zeitung zu lesen.“ Ich stellte keine Fragen.

Darüber hing noch eine Wetterkarte für Australien. Das war zur Hälfte überflutet. Die andere Hälfte war entweder furchtbar heiß, brannte, oder wurde gerade von einem Zyklon verwüstet. Zusammengefasst: verdammt beschissene Aussichten für die Aussis.

Die Speisekarte des Restaurants stellte erst einmal Grundlegendes klar: „Today's Special ist das, was gestern übrig geblieben ist. Frühstück gibt es zur Frühstückszeit und Lunch wird zur Lunchzeit serviert. Wenn Du zur Dinner Zeit immer noch hier bist, wirst Du wegen Einbruchs angeklagt." An Speisen gab es etwa Road Kill Toasted Sandwiches oder langweilige, normal getoastete Sandwiches. Die Road Kill Possum Pies wurden umsonst gereicht. Ohne weitere Fragen zu haben, verließ ich das Gebäude.

Über der Straße stand neben dem Pub ein blutiges Fallbeil und warnte alle Politiker, überbezahlten Bürokraten und noch einige andere, die Französische Revolution nicht zu vergessen. Darunter: „Your day is coming!" Es schien wirklich eine raue Gegend zu sein, die wilde West Coast.

Rau war es auch in Ross, einer ehemaligen Goldgräberstadt, zugegangen. Der einstündige Rundweg brachte keine neuen Erkenntnisse zur Goldgewinnung und der Lebensweise der Digger, aber der Weg an sich, mitten durch urtümlichen Regenwald, war sehr erbaulich. Im Informationszentrum bekam ich dann noch die Gelegenheit, ein Nugget zu erwerben. Die alte Dame, die ihn mir verkaufte, konnte leider mit dem Ort Chicken in Alaska nichts anfangen, wo ich mir auch schon solch ein exquisites Erinnerungsstück gegönnt hatte.

In Hokitika drehte sich alles um das grüne Gold Neuseelands, den Greenstone oder auch Jade genannt. Viele Läden boten hier jede Art von Schmuck aus dem wertvollen Stein an. In sehr mühseliger Handarbeit wurden Figuren in das Material geschliffen. Eine Verkäuferin übergab mir einen Zettel mit den fünf Grundmustern und ihrer Bedeutung. So sollte eine Fischform natürlich Glück beim Fischen bringen, die Spirale stand für Neubeginn, Wachstum und Harmonie. Ich konnte mir nicht so recht vorstellen, dass allein die Bearbeitung durch einen – natürlich echten – Maori einem grünen Stein eine die Zukunft positiv beeinflussende Wirkung verleihen sollte. Ich erwarb ein kleines, viereckiges, schön dunkelgrün glänzendes Stück vom Ramschtisch. Das neue

Jahr würde zeigen, ob es vielleicht auch eine Wirkung hätte.

Auf der Karte war mir nahe der Stadt noch ein Ort mit einem geradezu magischen Namen aufgefallen. Woodstock. Natürlich musste ich mir das ansehen. Wie sein Pedant in New York State kam der Ort sehr verschlafen daher. Einige Häuser, ein Hotel, keine große Wiese, kein Denkmal. Das Woodstock Royal Mail Hotel war geschlossen und hatte offensichtlich schon bessere Zeiten erlebt. Vielleicht ja auch ´69. Aber nicht 1969 sondern 1869 beim gold rush.

Am Strand von Hokitika fand ich, ohne danach gesucht zu haben, einen sehr gepflegten Zeltplatz, hörte die bewegte Tasman Sea rauschen und setzte mich für den Rest des Jahres in die endlich wieder scheinende Sonne.

Ab Greymouth, das genauso grau und nichtssagend wie beim ersten Mal war, wurde der Highway 6 vom Glacier zum Coast Highway. Und diesem Namen wurde er gerecht. Die Straße schraubte sich an der tosenden Tasman Sea entlang, hinauf und hinab, dass es eine Freude war. Schroffen Buchten waren hier immer wieder Felsketten im tosenden und gischtenden Wasser vorgelagert. An einer Stelle hatte das Wasser eine doppelte Brücke in einen freistehenden Felsen gespült und geschliffen. Der Himmel war zweigeteilt. Über der See zum Teil hellblau, über dem Land grau, das in Richtung der Berge immer mehr in schwarz überging. Dazwischen ein weißes Gemisch aus Dunst und Gischt.

Am Ortsausgang von Greymouth fand eine Polizeikontrolle statt. Das hatte ich bisher nicht erlebt. Ich wurde freundlich durchgewunken und vermutete, dass das eine Überprüfung der Fahrer auf ihren Zustand nach der Silvesternacht war. Kurz darauf ein Hinweis, dass es die nächsten neunzig Kilometer keine Tankstelle und keine Werkstatt geben würde. Das erlebte ich in Westport noch einmal. Es war wirklich fast wie im wilden Westen.

Im Paparoa Nationalpark bei Punakaiki waren die Pancake Rocks mit dem Blowhole zu besichtigen. Das waren aus dem Strand ragende Kalkklippen, die durch ihren dünnen, schichtartigen Aufbau an übereinandergestapelte Pfannkuchen erinnerten. Durch breite Spalten und Löcher im Gestein wälzte sich die Brandung und schoss bei besonders rauer See wie bei einem Geiser nach oben. Eingerahmt wurde dieses Schauspiel von unterschiedlichen Palmen- und Farnarten. Einige der Bäume sahen für mein biologisch ungeschultes Auge wie Joshua Trees aus, wurden aber anders benannt. Im dazugehörigen Café gab es natürlich eine Auswahl an Pancakes oder aber einen Blowhole Bagel.

Am Cape Foulwind war der Wind gar nicht so scheußlich. Der Himmel war wieder dunkler geworden, aber meine Taktik ging auf, und ich fuhr vor der Regenfront, die mich in Hokitika dann doch wieder eingeholt hatte, her. Westport, ein Ort wie viele andere, durchfuhr ich schnell. Mir gefiel der Coast Highway und ich beschloss, ihn bis zu seinem Ende in Karamea zu fahren. Weiter nach Norden ging die Straße nicht mehr. Dann kamen nur noch Wanderwege durch den Kahurangi Nationalpark. Die Fahrt entlang der dunstigen Küste, deren Gischt mir sogar eine Salzschicht auf den Fenstern beschert hatte, wurde auf etwa dreißig Kilometern für einen Abzweig in einen bergigen Regenwald unterbrochen. Wieder schraubte sich die Straße in engen Kurven hinauf und hinab. Da das schon lange keine Touristenroute mehr war, hatte ich bei einem Halt über dem dampfenden Grün Augenblicke der totalen Stille. Nur unterbrochen durch das immer noch fremdartig klingende Vogelgezwitscher.

In einem kleinen, lila angemalten Laden am Ende der Straße in Karamea, lernte ich einen wahren Globetrotter kennen. Mir fiel sofort auf, dass die ausgestellten Bilder überhaupt nichts mit Neuseeland zu tun hatten. Der Inhaber erzählte mir, dass er die meisten bei einem Fest der Reinkarnation in Indien aufgenommen habe, an dem in jedem Jahr mehrere Millionen Menschen teilnehmen. Wir kamen ins Gespräch. Er war fünfzehnmal um die Welt gereist und hatte in zwanzig Jahren nur einmal Winter erlebt. Das ging nicht anders, da sein Rucksack voll mit seinen Kameras und Filmrollen war. Da blieb kaum Platz für Kleidung und er musste mit dem Sommer reisen. Nun saß er da, in seinem urigen Laden, zeigte seinem kleinen Sohn seine Lieblingsbilder und schien mir eher in seinen Erinnerungen und Büchern, die er mir stolz präsentierte, zu leben. Kundschaft, die ihn dabei störte, würde er am Ende einer wenig befahrenen Straße nicht zu viel haben. Vielleicht war das der Grund, warum er sich mit seinen Erlebnissen genau dort niedergelassen hatte. Er hatte genug gesehen.

Ich schreckte aus einem Traum hoch, in dem ich in einer Schlammlawine versank. Das starke Prasseln auf dem Alkovendach, direkt über mir, hatte mich geweckt. Der Regen hatte mich wieder eingeholt. Und diesmal blieb er.

Ich machte es mir mit frischem, heißen Kaffee und CDs im Cockpit gemütlich. Der Kaffee, der in Neuseeland angeboten wurde, war um Welten besser als der amerikanische. Wie in Italien wurde jede Tasse in einer furchtbar aufwendigen Prozedur frisch gebrüht. Dafür war oft ein gut ausgelasteter Angestellter beschäftigt, der nichts anderes tat, als Kaffee zuzubereiten. Aber das Speisenangebot in den Cafés und Restaurants hatte eher britischen Ursprung. Überall gab es Fish and Chips und – was mir deutlich mehr zusagte – Bacon and Eggs. Und das nicht nur zum Frühstück. Ich glaube, dass die Frühstückskarte den ganzen Tag gültig war. Zumindest hatte ich nicht nur einmal mittags Eier bestellt und auch bekommen. Burger und Pommes waren natürlich vertreten, aber nicht so allgegenwärtig wie in den USA. Pizza gab es eher selten, ebenso wie Nudel- oder Reisgerichte. Dafür jede Menge herzhafte oder süße Küchlein, wobei mir der

Zuckereinsatz meist zu übertrieben schien. Eine weitere Besonderheit, die ich fast täglich aß, waren gelbe Kiwis. Nicht die Grünen, die man in Deutschland kennt, sondern Früchte mit gelbem Fleisch. Auf der Verpackung stand oft Golden Kiwilicious. Auch bei den Getränken gab es einiges zu entdecken. Viele Softdrinks mit Fruchtgeschmack kamen von der Bundaberg Brauerei und waren angenehm wenig gesüßt. Schon im Flugzeug hatte ich auf der Karte Ginger Beer entdeckt und ausprobiert. Ähnlich im Geschmack wie Ginger Ale, aber fruchtiger und auch weniger süß. Und natürlich die L&P, Lemon und Paeroa Limonade mit der Angabe auf dem Etikett: World Famous in New Zealand. Ungewöhnlich waren die Flaschengrößen. Da gab es zum Beispiel 340 oder 600 Milliliter. Wahrscheinlich hing das mit einem englischen Maßsystem zusammen. Ein Muss waren die vielen, sehr guten Kekssorten, und auch die dunklen Schokoladen mit Kiwi- oder Orangenstücken luden immer wieder zum Abbeißen ein.

Ab Westport wurde der wandlungsfähige Highway 6, der parallel zum Highway 1 über die ganze Südinsel verläuft, zum Buller Gorge Highway. Auf Nachfrage erfuhr ich, dass Gorge die Bedeutung von Canyon hat. Womit der Bogen zurück zu Amerika gespannt wäre. Hundertsechzig Kilometer ging es durch den Buller Canyon, was auch für amerikanische Größenordnungen recht beachtlich ist. Offensichtlich wurde das Stück zwischen Westport und Murchison nicht sehr stark befahren. Viele Grundstücke und Gebäude waren zum Verkauf angeboten. Auch Berlins Café und Bar. Als dieses auf einem Schild vorangekündigt wurde, schossen mir spontan Bilder von dampfenden Currywürsten durch den Kopf. Leider gab es dann in Berlins nicht einmal Fish and Chips. Es gab überhaupt nichts mehr. Ein Stück vor Murchison lockte die längste Swingbridge Neuseelands Besucher. Eine frei schwingende Hängebrücke über den Buller River. Es war zumindest eine interessante Erfahrung. Ob das ganze fünf Dollar wert war, kann ich immer noch nicht sagen. Natürlich konnte man auch neben der Brücke an einem Seil hängend über den Fluss flitzen oder sich mit dem Raftingboot im Wasser nass machen lassen. Dazu schien aber niemand Lust zu haben. Es regnete ausreichend.

Ab Murchison füllte sich die Straße plötzlich. Es war in beiden Richtungen ein Verkehr wie an Regentagen auf der Landstraße an der Ostsee. Die urlaubenden Kiwis hatten sich alle auf einmal in ihre Autos gesetzt. Es nervte. Ich war froh, zum Lake Rotoroa, einem der beiden Seen im Nelson Lakes Nationalpark, abbiegen zu können. Der See war grau, dunstig und verregnet, von den umliegenden Bergen nicht viel zu sehen. Auf den Wiesen quietschte das Wasser unter meinen Schuhen. Am See gab es einen staatlichen Zeltplatz. Kein Strom, Plumpsklo, alles nass. Ich fragte einen Anwohner nach dem Caravanpark, der auf meiner Karte eingezeichnet war. Ich erfuhr, dass dieser vier Jahre zuvor geschlossen hatte. Das war der einzige Ort, an dem die Angaben meiner sehr guten Karte nicht aktuell und stimmig waren. Die Anschaffung des Neuseeland Atlas vom Schweizer Hallwag Verlag hatte sich mehr als nur gelohnt.

Es regnete ordentlich, aber die endgültige Entscheidung trafen die Sandfliegen, die mich mittlerweile in einer Wolke umschwirrten. Meine Mückenstiche, die mich seit einer Woche plagten, waren gar keine Mückenstiche, sondern Bisse dieser Sandfliegen. Schwarz und unbedeutend klein, wie die heimischen Fruchtfliegen, waren sie die gefährlichsten Vertreter der neuseeländischen Tierwelt. Nach der Legende wurden sie vom Teufel ausgesetzt, der die Westküste ohne diese Plage zu paradiesisch fand. Ich fuhr weiter zum zweiten See.

Der Platz am Lake Rotoiti war auch staatlich, aber es gab einige Plätze mit Stromanschluß und auch von warmen Duschen war zu lesen. Ich sicherte mir erst einmal den vorletzten von sechs bestromten. Als ich nach den Umschlägen für die Bezahlung suchte, fand ich nur den Hinweis, man solle sich beim Platzwart oder in der Visitor Information melden. Der Platzwart war nicht da. Um den Platz zu sichern, ließ ich Ron stehen und lief im strömenden Regen den Kilometer zur Information, wo ich zwar gewesen war, aber keinen angemessen großen Parkplatz gefunden hatte. In der Information erfuhr ich, dass alle Plätze belegt seien. Als die Dame mein entgeistertes Gesicht sah, holte sie ein Infoblatt über einen weiteren Zeltplatz am See heraus. Ohne Strom, die Duschen mit kaltem Wasser. Sehr wenig begeistert gab ich ihr sechs Dollar. Ich hatte mich zwar technisch und mental auf eine Nacht ohne Strom vorbereitet, bei dem Wetter aber nicht die geringste Lust darauf. Im Regen lief ich zurück und rollte zum zweiten Mal an diesem Tag das Stromkabel ein. Nach etlichen Fehlversuchen fand ich den Zeltplatz und rangierte ewig herum, da alles sehr eng war. Ich stand zwar nur wenige Meter vom See entfernt, von diesem war aber wegen dicht stehender, vor sich hin tropfender Bäume nichts zu sehen. Es war egal, es regnete sowieso.

Jetzt war der Moment für Ron gekommen, seine Fähigkeiten in der Wildnis zu beweisen. Ein erster Test ergab, dass noch heißes Wasser im Boiler gespeichert war, die Dusche also gesichert. Heizen konnte ich zwar auch mit Gas, viel würde das jedoch nicht gegen die allgemeine Klammheit aller Sachen, einschließlich der Bettwäsche, ausrichten. Bei der hatte ich festgestellt, dass entweder etwas an einem Alkoven-Fenster undicht war, oder sich zu viel Schwitzwasser da oben sammelte. Jedenfalls war im Bett einiges feucht, und das würde durch den weiter fallenden Regen nicht besser werden. Wie lange die Batterie hielt, blieb abzuwarten. Im Katalog stand etwas von zwei Tagen, bei sehr starken Einschränkungen, die jedoch nicht allzu genau erläutert wurden. Es war kalt, nass und eklig. Ich brauchte dringend eine Wetteränderung.

Es pladderte auf dem Dach, es war kalt und feucht. Innerhalb weniger Minuten war ich auf der Straße. Ich hatte Wasser auffüllen wollen, musste aber feststellen, dass die Wasserhähne auf dem staatlichen Platz ein größeres Gewinde als das bisher übliche hatten. Nachdem ich auch in Saint Arnaud vergeblich nach Wasser mit einem passenden Anschluss gesucht hatte, schob ich das auf die französischen Wurzeln des Ortes. Bisher hatte es mir sehr gut gefallen, dass die Wasseranschlüsse überall gleich waren. Die Franzmänner brauchten eine Extrawurst.

In Kohatu verließ ich den abwechslungsreichen Highway 6 und bog in das Motueka Valley ab. Sehr langsam konnte sich die Sonne gegen einen nicht aufgeben wollenden Regen durchsetzten. Das schuf die nötigen Bedingungen für eine kleine Entschädigung. Ich sah gleich zwei Regenbögen. Im Tal selbst wurde in weit auseinanderliegenden Farmen vor allem Obst angebaut: Kirschen, Äpfel, Pfirsiche und Wein. Das Tal war aber auch Lieferant für die wichtigste Zutat zur Bierherstellung. Ein Hopfenbauer grüßte mich erfreut, als ich seine Felder ablichtete. Und ein zweites Woodstock war in dem lieblichen, sonnigen Valley zu Hause. Diesmal einige verstreute Häuser, die sich dem Anbau und Verkauf von Biogemüse verschrieben hatten. Auch Entspannungstherapien wurden angeboten. Ich hielt nicht und fuhr durch bis Motueka, einem größeren Ort an der Tasman Bay. Im dortigen Visitor Center bereitete mich eine sehr auskunftsfreudige Frau ausführlich auf meine nächsten Unternehmungen vor, von denen ich bis dahin gar nichts gewusst hatte. Sie empfahl mir den Ort Collingwood als Ausgangspunkt für eine Bustour auf den sandigen, äußersten Zipfel der Westküste. Auf einer grafisch leicht überarbeiteten Karte der Südinsel wurde dieser Zipfel als Schnabel eines Kiwis dargestellt. Ein Naturschutzgebiet, in das man nur mit geführten Touren kam. Mit dem Wohnmobil sowieso nicht. Das würde dort irgendwo im Sand steckenbleiben. Auch für den Weg nach Collingwood gab sie mir etliche Tipps, was ich mir anschauen könnte.

Zuerst mussten Ron und ich aber die Takaka Hills mit immerhin knapp neunhundert Metern Höhe überwinden. Von null und wieder auf null herunter. Eine mächtige Kurbelei, und nach der Abfahrt brauchten die Bremsen eine Pause. Den Ort Takaka – schrecklich von Touristen überlaufen – durchfuhr ich so schnell es ging. Ein Gefühl oder eine Ahnung zog mich nach Collingwood am Ende des Highway 60 hin. Wieder einmal war eine Straße zu Ende, und das Ende stellte sich als sehr erfreulich heraus. Die Eigentümerin des Zeltplatzes führte mich vor der Bezahlung zu zwei Stellplätzen, zwischen denen ich die Wahl hatte. Obwohl ich nicht ganz verstand, was ich da auswählen sollte. Ein Platz war keine zehn Meter vom Wasser der Golden Bay entfernt und so angelegt, dass ich mich quer, mit einer ganzen Fensterfront zum Wasser, hinstellen konnte. Da gab es nichts auszuwählen. Ich nahm den Platz und konnte etwas später erneut die Preispolitik nicht begreifen. Der Stellplatz war ideal, Strom und Wasser vorhanden, die Anlagen gepflegt und die Aussicht auf die Bay fantastisch. Das alles kostete 32 Dollar, aber nicht für eine, sondern für zwei Nächte. Sogar das Satellitenfernsehen funktionierte mal wieder. Wobei ich dahinter langsam Taktik vermutete. Empfang war nur bei gutem Wetter und wenn das Wetter gut blieb. Bei zu erwartenden, schlechten Vorhersagen funktionierte auch der Empfang nicht, damit man als Urlauber nicht verschreckt wurde. Clever, die Kiwis.

Ich sah mich im Ort um. Zwei Fish and Chips Buden, zwei Restaurants, eine Bar, ein Café, eine Post mit Tante Emma Laden, ein Motel und ein paar Häuser. Und der Veranstalter der Eco Tours – das Busunternehmen, bei dem ich auch gleich buchte.

Nebenbei trockneten meine Wohnung und meine Sachen. Ich saß in der Sonne und blickte über die mit zunehmender Ebbe immer mehr austrocknende Golden Bay. Alles war wieder gut.

Bei Ebbe war der Abstand von meiner Wohnungstür zum Wasser stark angewachsen, die Golden Bay halb trockengelegt. Deshalb fragte ich Tim, unseren Fahrer und Führer auf der Bus Tour, als erstes nach dem Höhenunterschied zwischen Ebbe und Flut. Im Moment, erklärte er mir, seien dies genau vier Meter. Es könnten aber bis zu maximal 5,3 Meter werden. Man sollte sich also beim Campen genau überlegen, zu welchem Zeitpunkt und an welcher Stelle des Strandes man sein Quartier einrichtete. Sonst konnte es sein, dass man vom Wasser geweckt wird.

Die Gezeiten waren auch der Grund, warum die Tour mit dem Sonnenaufgang begann. Es war sehr ruhig unter den zwanzig Teilnehmern des Familienausfluges, als die Fahrt zur Farewell Spit begann. Ein erster Halt am Strand war noch recht kühl und dauerte deshalb auch nicht lange. Weiter ging es entlang des sich dreißig Kilometer hinziehenden, sandigen Schnabels des Kiwis, an dessen Spitze sich ein Leuchtturm befand. Unterwegs erklärte uns Tim, worin der Trick des Fahrens am Strand bestand. Man durfte nicht stehenbleiben, sonst würden die Räder im feuchten Sand versinken. Er zeigte das sehr deutlich, indem er einen Kreis fuhr und wir das Wasser in unserer Fahrspur sehen konnten. Ein Stück vor dem Leuchtturm hieß es für alle aussteigen und laufen. Der Sand bis zur festen, grünen Oase des Leuchturmstandortes war nicht tragfähig genug und der Bus quälte sich trotz des Allradantriebes auch ohne Passagiere. Ein Fahrzeug der Konkurrenz blieb etwas später stecken und die Insassen mussten ihn aus der Wehe herausschieben. Am Leuchtturm hatte die Firma ein Haus und es wurden Kaffee, Tee und Muffins angeboten. Ein echtes neuseeländisches Picknick.

Nach dem Fußmarsch, zurück an den festen Streifen des Strandes, las uns Tim wieder auf und umrundete zwei völlig gelangweilte Seehunde. Einer schien auf den ersten Blick sogar tot zu sein, so viele Fliegen tummelten sich auf ihm. Ein gelegentliches Blinzeln verriet, dass er lebte. Etwas weiter hatte sich eine

Kolonie Watvögel niedergelassen, die jedes Jahr aus Alaska zum Sommerurlaub nach Neuseeland anreisten.

Auf den bis zu zwanzig Meter hohen Wanderdünen konnten sich dann vor allem die Kinder austoben. Aber nicht nur die. Auch etliche Erwachsene hatten sehr viel Spaß am Herabrutschen im feinen, weißen Sand. Am Fossil Point fand ich vor allem Muscheln, die an den aus dem Wasser ragenden Felsen klebten. Was es dort an Fossilen zu sehen gab, schien ich verpasst zu haben. Stattdessen fand ich eine Erklärung dafür, warum der Kiwi – egal bei welchem Wetter – Gummistiefel und halblange Hosen bevorzugt. Den Hinweg zu einer Höhle hatte ich noch mit nassen Füßen überstanden, wobei ich erneut feststellte, dass das Wasser zum Baden zu kalt war. Auf dem Rückweg war das Wasser, obwohl nur wenige Minuten dazwischen lagen, soweit angestiegen, dass ich für den Rest des Ausfluges mit nassen Hosenbeinen klarkommen musste. Einem Kiwi wäre das nicht passiert. Sie nahmen den Zustand meiner Hosen auch wohlwollend grinsend zur Kenntnis.

Der Höhepunkt war für mich ein Abstecher zum Cape Farewell, der auf dem Weg dahin auch noch etwas typisch Neuseeländisches demonstrierte. Dreimal musste angehalten werden, um Tore in den Weidezäunen zu öffnen und nach der Durchfahrt wieder zu schließen. Ganz Neuseeland ist eingezäunt. Das erregte so manches Mal mein Missfallen, da sich einerseits die ständigen Zäune störend auf die Fotos auswirkten, oft verhinderten sie auch überhaupt, zu schönen Stellen zu gelangen. Aber in einem Land, in dem vierzig Millionen Schafe lebten, ging es nicht ohne Zäune. Tim erzählte davon, dass die Schafe kein Gefühl für die Gefahren der Gezeiten hatten, und bei unverhofften Fluten auch ab und an welche ertranken. Auf Wanderwegen waren manchmal Treppen über die Zäune gebaut worden.

Das Kap selbst beeindruckte mit einem vielleicht zwanzig Meter hohen Steinbogen. Wie ein Stützpfeiler lehnte der graue und ockerfarbene Fels an der steil abfallenden Landspitze. Es fiel wirklich schwer, von diesem beeindruckenden Anblick Abschied zu nehmen, doch der Halt dort war leider kürzer als die vorangegangenen. Es war Lunchtime. Tim zählte ein letztes Mal seine Schäfchen durch, und es ging zurück. Alle Teilnehmer hatten einen Gutschein über zehn Dollar für ein Lunch in der Collingwood Tavern erhalten. Komischerweise nahmen nur zwei Schweizerinnen und ich die Offerte an. Der Laden machte keinen allzu guten Eindruck und wir mussten lange warten, bis jemand gefunden war, der hinter dem Tresen kompetent eine Bestellung aufnehmen konnte. Das Essen wurde dann unerwartet schnell und ansprechend aussehend in den Garten gebracht. Leider wurde ich von dem Wiener Schnitzel arg enttäuscht. Das Fleisch hatte das Stadium eines Kalbes schon lange überschritten und war eher eine panierte Kuhhaut. Mein Fehler, ich hätte fragen sollen. Auch in Deutschland gibt es ja sehr unterschiedliche Auffassungen, woraus ein Wiener Schnitzel besteht.

Zurück in Motueka hatte ich gehofft, bei der netten Frau in der Information einen weiteren Tipp für die nächsten Abenteuer in den Marlborough Sounds zu erhalten. Leider war ich zu früh dort und die Reise musste sich nach meinen Ideen richten. Die sahen zunächst einen Halt in der Stadt Nelson vor. Ich hatte mir notiert, dass es dort eine deutsche Gemeinde und einen Weißwurststand gab. Ich fand es eher britisch, wozu auch Namen wie etwa Trafalgar Street oder Trafalgar Park beitrugen. Die Rathausuhr klang wie der Big Ben. Einen Weißwurststand konnte ich nicht entdecken. Ich fand aber einen Wurstladen, der deutsche Produkte verkaufte. Mein freudiger deutscher Morgengruß wurde leider nicht beantwortet und die Bestellung erfolgte wieder auf Englisch. Ich genehmigte mir eine Leberkäs-Semmel und kaufte noch ein paar Würstchen und einen sehr guten Knoblauchknacker. So etwas wurde in Neuseeland Bierstick genannt. Es hätte auch saure Gurken und Sauerkraut von Kühne gegeben, aber darauf konnte ich noch verzichten. Über ein gutes Mischbrot hätte ich mich gefreut, aber davon war auch auf dem Wochenmarkt nichts zu finden. In der Information gab es keine Auskünfte über die Sounds, dort konzentrierte sich alles auf den Abel Tasman Nationalpark. Ich entschied mich für einen Abstecher an die Okiwi Bay. Das war aber auch mein einziger Beitrag. Den Rest übernahm die Reise.

Zwanzig Kilometer schraubte sich die enge Straße durch den Wald. Ich zweifelte immer wieder, ob mein Entschluss, abzubiegen, richtig gewesen war. Ein Ausblick, einige Kilometer vor der Bucht, wischte alle Bedenken weg. Von der Höhe hinab sah ich türkisblaue Buchten, weiß durchfurcht von Booten, umgeben von bewaldeten Hügeln. So könnte auch das Paradies aussehen. Ein kleiner Camper hielt neben mir und es stellte sich heraus, dass das darinsitzende Paar aus Alaska kam. Auch sie waren begeistert von der Aussicht und dem strahlenden Sonnenschein. Wir unterhielten uns eine Weile über den Denali Nationalpark und fuhren dann unserer Wege.

Im Ort an der Bay erfuhr ich, dass kein Stellplatz frei war. Es gäbe aber noch einen staatlichen Zeltplatz an der Elaine Bay. Zwanzig Kilometer entfernt, befestigte aber enge und sehr kurvige Straße dahin, kein Gravel. Mir kam das Gespräch bekannt vor, mit dem Unterschied, dass es diesmal nicht regnete. Für eine Nacht ohne Wasser und Strom war ich gerüstet. Zurückfahren wollte ich nicht. Noch mehr Kurven fahren eigentlich auch nicht. Ich fuhr die Kurven. Und ich wurde belohnt. Die Elaine Bay war noch viel schöner als die Okiwi Bay. Trotz der Abgeschiedenheit waren etliche Camper mit Booten unterwegs.

Kaum war ich angekommen, stellte sich ein zweites Wohnmobil direkt neben Ron. Ein Paar aus der Schweiz. Er hatte genau dieselben Überlegungen gehabt wie ich und wollte auf keinen Fall am selben Tag die engen Kurven zurückfahren. Für sechs

Dollar die Nacht gab es zwei Plumpsklos und zwei Hähne mit nur abgekocht trinkbarem Wasser. Und einen wunderschönen Blick über die Bucht.

Schnell stellte es sich heraus, dass wir alle drei Lust darauf hatten, ein Boot zu mieten und ein Stück in der Fjordlandschaft herumzufahren. Wir liefen zu dem kleinen Hafen und fanden tatsächlich einen holländischen Kiwi, der da tankte und erzählte, dass er Ausflugsfahrten mache. Nach einigem Hin und Her einigten wir uns darauf, dass er uns am nächsten Morgen zu einer Boots-, Auto- und, bei Interesse, Wandertour abholen würde. Er wohnte nicht im Ort, sondern irgendwo draußen in den Sounds, wo man nur mit dem Boot hinkam. Die Reise hatte die Planung übernommen und mir gefiel es.

Brian, der sich nicht nur als Boots- sondern auch als Inselbesitzer entpuppte, holte uns wie besprochen ab. Wir waren inzwischen fünf. Das Schweizer Paar, eines aus der Pfalz und ich. Zur Unterstützung hatte Brian noch seine Tochter mitgebracht, die uns viel über die Natur der Marlborough Sounds erzählte. Meist sprach aber Brian und er hatte jede Menge Geschichten vom Leben in und mit der Natur auf Lager. Jeder bekam eine Schwimmweste und los ging es. Dreihundert PS trieben uns in den Outer Pelorus Sound. Zuerst vorbei an Muschelfarmen, aber schon bald zeigte Brain auf bewegtes Wasser, über dem sich Vögel versammelt hatten. Er meinte, wir hätten einen guten Tag erwischt. Was wir da sahen, waren jagende Delphine. Er schaltete die Motoren herunter und trieb schließlich ganz ohne Antrieb an das Getümmel heran. Ehrfürchtiges Schweigen herrschte, als immer mehr Schwanzflossen sichtbar wurden, die Fische zu springen begannen und auf das Boot zukamen. Es folgten unbeschreibliche Momente. Ich wusste nicht, was ich tun sollte. So viele Fotos wie nur möglich machen oder einfach nur zuschauen. Ich versuchte einen Kompromiss. Etwa zwanzig Vertreter, der mit der zweithöchsten Intelligenz dieses Planeten ausgestatteten Spezies, umschwammen das Boot und setzten immer wieder zu ihren eleganten Sprüngen an, um sich gänzlich zu zeigen. Eine Show, die bei keinem Reisebüro buchbar war. Viel zu schnell entfernten sich die Delphine. Aber Brian, der unser großes Interesse und Glück mitbekommen hatte, fuhr ihnen hinterher und das Schauspiel wiederholte sich.

Die wunderbare Landschaft der Sounds, das ruhige tiefblaue Wasser und der wolkenlose Himmel waren zum Beiwerk degradiert worden. In einer türkisfarbenen Bucht wurden wir am Steg von Brians Insel abgesetzt. Seine Tochter verankerte das Boot weit draußen in der Bucht und kam mit einem Ruderboot an Land. Vom Steg aus ging es mit einem golfkarrenähnlichen, offenen Vehikel, jeweils zu viert, steil den Berg hinauf. Oben wartete ein Haus mit zwei Schlafräumen an den Seiten und einer offenen Wohnküche in der Mitte. Dazu ein grandioser Ausblick über die Fjordlandschaft. Das Haus wurde zur Unterbringung von Praktikanten genutzt, aber auch an Feriengäste vermietet. Ich fragte Brian, wie lange ich arbeiten müsse, um für immer da wohnen zu können. Er lachte und sagte, dass sich um das Geschäftliche seine Frau Ellen kümmert, die auch vor Jahren aus Holland gekommen war und mit Kaffee und wunderbarem, frisch gebackenen Kuchen auf uns gewartet hatte. Neben der siebzehnjährigen Tochter gab es noch eine zweite mit vier Jahren. Ein Junge, altersmäßig irgendwo zwischen den beiden Töchtern, war in der Wildnis unterwegs. Er jagte oft Wildschweine, von denen es auf der Insel offenbar so viele gab, dass das Grundstück mit Elektrozäunen vor ihnen geschützt werden musste. War der Junge erfolgreich, wurden die Schweine zu Salami verarbeitet. Brian erzählte, dass er ganz am Anfang eine Pumpe installiert hatte, um Wasser auf den Berg zu bekommen. Sechsmal schaltete er sie ein und lief den Berg hinauf, nur um oben festzustellen, dass kein Wasser kam. Von der Lauferei völlig erschöpft, blieb er beim siebten Mal neben der Pumpe sitzen, und nach zehn Minuten kam ein Weka, ein auf der Südinsel häufig vorkommender Vogel, der wie der Kiwi nicht fliegen konnte und ähnliche diebische Eigenschaften wie die Elster besaß. Der Weka pickte den Schalter der Pumpe einfach mit seinem Schnabel aus. Brian musste ein Gehäuse darum bauen. Er konnte eine Menge solcher Geschichten zum Besten geben.

Nach dem Kuchen ging es übergangslos zum Lunch über, der aus selbstgebackenem, frischen Brot, gemischtem Salat und Roten Beeten bestand. Das alles immer noch bei dieser fantastischen Aussicht. Als keiner mehr essen konnte oder wollte, was bei der inzwischen herrschenden Hitze recht schnell ging, zeigte Brian uns seinen Wald. Fünfzehn Jahre vorher, als er die Insel übernommen hatte, war alles kahl gewesen. Mittlerweile war ein beachtlicher Wald nachgewachsen, in dem er den glaubwürdigen Eindruck vermittelte, jeden Baum zu kennen. Auch dazu gab es jede Menge Geschichten, die meine Speicherkapazität völlig überforderten. Das Wichtigste, was bei alldem herüberkam war, dass da eine Familie ihr Glück gefunden hatte. Von unserer Gästeseite fiel immer wieder der Begriff Paradies. Brian lachte und sagte, irgendwas passt immer nicht. Aber er wirkte dabei völlig mit sich und seiner Welt zufrieden. Wie er Besitzer der Insel geworden war, wurde nicht ganz klar, aber viele Projekte, die er mit seiner Familie und Helfern durchführte, wurden von Naturschutzorganisationen unterstützt. Die bekannteste dabei wohl der WWF.

Nach der ausführlichen Präsentation des Waldes zeigte uns seine Tochter ihren kleinen Privatzoo. Grüne Papageien, eine riesige Insektenart, die ihrer kleinen Schwester gar nicht gefiel und vier junge Hunde, die sie für die Jagd ausbildete. Auch die Kinder vermittelten den Eindruck, gänzlich in ihrem Inselleben aufzugehen, bei dem eine Fahrt in die Stadt Nelson schon etwas ganz Besonderes war, was nicht oft im Jahr vorkam.

Zurück am Haus gab es noch einmal Erfrischungen und Kuchen, dann ging es wieder den Berg hinunter und mit dem Boot über den Sound zum Zeltplatz, wo unsere drei Wohnmobile warteten. Wir bedankten uns herzlich und stimmten darin überein, dass dies ein unvergesslicher Tag gewesen war. Ellen hatte für jeden 85 Dollar berechnet. Wir gaben alle, ohne uns abgestimmt zu haben, hundert und waren uns einig, dass diese Tour eigentlich unbezahlbar war.

Die reichlich hundert Kilometer von der Elaine Bay bis zur Hafenstadt Picton waren gefühlt eine einzige Kurve. Die geraden Strecken zwischendurch hatte mein Gedächtnis gelöscht. Nach zwei Tagen ohne Strom und Wasserversorgung brauchte ich eine Auffrischung. Das Wasser war fast alle, mit dem Strom gab es dank der Solarzellen und gutem Wetter keine Probleme. Nur die Akkus vom Laptop und der Kamera hatten eine Steckdose nötig.

In Havelock fand ich keine öffentliche Dump station und auch sonst nichts Interessantes zu sehen, so dass ich nur den Tank auffüllte. Hinter der Stadt bog der Queen Charlotte Drive vom Highway 6 ab, den ich nun endgültig verließ. Immer eng am gleichnamigen Sound wand sich die Straße um malerische Buchten wie aus dem Katalog. Grünbewachsene Hügel grenzten an gelbe Sandstrände, an die sehr klares, türkisfarbenes Wasser brandete. In den Buchten ankerten Seegelboote, und Motorjachten durchpflügten, lange weiße Schaumstriche hinter sich lassend, den blauen Fjord. Über allem eine strahlende Sonne. Es fiel schwer, auf die Straße zu achten. Immer wieder hielt ich an, um die Ausblicke zu genießen.

Picton selbst wurde von den Interislander Fähren dominiert. Ihre Ankunft bzw. Abfahrt bestimmten die Verkehrsströme in der Stadt. An den Hängen um den Hafen gruppierten sich unzählige Hotels und Apartmenthäuser. In der Information erfuhr ich, dass meine Fähre eine halbe Stunde später als bei der Buchung angegeben, abfahren würde. Ich hatte das schon beim Kommen von einem Hügel aus gesehen und deswegen nachgefragt. Das Wetter sollte gut bleiben, was mich freute, da ich nicht erpicht darauf war, die Cook Strait bei schlechtem Wetter zu queren. Mir hatte auf der Hinfahrt der Seegang bei gutem Wetter völlig gereicht.

In einer Einkaufspassage sah ich ein Gemälde von James Cook und der Endeavour. In Echt gab es die Edwin Fox in einem Museum zu besichtigen. Leider war dieses wegen Renovierungsarbeiten nicht geöffnet. Die Edwin Fox war das letzte Schiff der britischen Ostindien Kompanie und lief 1853 vom Stapel. Mit ihm wurden Sträflinge nach Australien gebracht, Truppen in den Krim Krieg und Siedler nach Neuseeland.

Die Frau an der Rezeption des Top 10 Holiday Parks entschuldigte sich vorab für den fast schon unverschämten Preis. Es wäre eben absolute Hauptsaison. Da ich den einzigen freien, bestromten Platz bekam, akzeptierte ich die 46 Dollar. Dafür hätte ich an der Elaine Bay acht Tage stehen können. Zum Ausgleich war es nicht weit zum Hafen und in den Ort. Auch wurde schon am Eingang ein beheizter Swimming Pool angepriesen, der inklusive genutzt werden konnte. Leider erwies sich dieser eher als Planschbecken und war nur einen Meter tief. Die Beheizung war auch völlig überflüssig. Direkt neben meinem Stellplatz verlief eine der Hauptverkehrsstraßen des Ortes, die kaum mal zur Ruhe kam. Ich hatte wirklich schon deutlich besser gestanden und dafür weniger als die Hälfte gezahlt. Die Preise blieben ein Rätsel.

Die Fähre legte wie angekündigt ab, war aber etwas Besonderes. Ich hatte schon beim Befüllen des unteren Autodecks mit Verwunderung wahrgenommen, dass die PKW rückwärts in den Bauch der Fähre fuhren. Für die Trucks und Wohnmobile konnte ich mir das nicht so recht vorstellen. Diese fuhren auch über eine Brücke auf das obere Deck. Wegen des Schwerpunktes hätte ich genau andersherum beladen und hoffte, dass die Kiwis wussten, was sie da tun. Als ich auf das Oberdeck rollte, standen die Trucks mit der Schnauze zur Einfahrt. Das Rätsel löste sich erst ganz hinten im Schiffsbauch, wo alle Fahrzeuge wendeten. So eine Fähre hatte ich noch nie erlebt. Bisher kannte ich nur solche, in die man hinten hinein und vorne herausfuhr, oder eben umgekehrt. In Kanada hatte ich es einmal erlebt, dass sich der Bug auch nicht öffnen ließ. Da ging es dann aber vorne seitlich wieder heraus. Ohne Wendemanöver.

Traurig blickte ich zur Südinsel zurück. Dass ich sie noch einmal betreten würde, war zumindest in diesem Leben unwahrscheinlich. Es hatte mir gefallen.

Das Schiff hatte noch mehr Überraschungen auf Lager. Im Café orderte ich einen getoasteten Zwiebel-Käse Sandwich. Ungläubig starrte ich an, was mir kurz darauf präsentiert wurde. Es sah auf den ersten Blick aus, wie eine getoastete und dann zu zwei Dreiecken geschnittene Scheibe Weißbrot. Dass etwas dazwischen war, konnte ich nicht erkennen. War aber, nur alles so dünn, dass es die Stärke einer Brotscheibe hatte. Nun verstand ich auch den Preis, der mir verdächtig niedrig erschienen war.

Die Cook Strait verhielt sich ruhiger als auf der Hinfahrt und ich war nicht böse darüber. Nach drei Stunden rollte ich in Wellington von der Fähre und auf ein Stück vierspurige Autobahn. Das war wahrscheinlich der totale Wahnsinn für einen Kiwi vom Lande. Zumindest verhielten sich die meisten so. Obwohl 80 km/h erlaubt waren, fuhr kaum einer so irrwitzig schnell. Und das auf vier Spuren. Sie staunten und genossen das Erlebnis. Schnell wurden die Spuren weniger, und bald war nur noch eine übriggeblieben. Kolonne auf beiden Seiten. Nur ein kurzes Stück ging es direkt an der schäumenden und gegen den Damm donnernden Tasman Sea entlang. Es dauerte fast hundert Kilometer, bis sich die Kolonnen aufgelöst hatten und wieder ruhigerer Verkehr herrschte.

Zu sehen gab es außer den ewiggleichen Orten und Städten nur flaches Farmland. Ich begann, Kilometer zu schrubben. Einfach war das nicht, da es mir die ganze Zeit vorkam, als würde ich auf rohen Eiern fahren. Es wehte ein ruppiger, böiger Seitenwind, der vollste Konzentration erforderte. Teilweise musste ich mich zwingen, zum Schalten eine Hand vom Steuer zu nehmen. Es war nicht sicher, ob ich das Lenkrad mit einer Hand gegen den wechselnden Wind würde halten können.

Der Verkehr halbierte sich noch einmal, als der Highway 1 von der 3 abbog. Es wurde hügeliger und die Straße hatte jetzt oft drei Spuren, bei denen sich die zusätzliche Überholspur für die Fahrtrichtungen abwechselte. Durch die Hügel wurde der Wind etwas gebrochen und ich musste aufpassen, nicht zu schnell zu fahren. Ein Stück hinter Wanganui bog ich zum Kai Iwi Beach ab. Der Besitzer des Motorcamps suchte mir extra einen Platz aus, auf dem ich längs zur Windrichtung stehen konnte. Er wollte es freundlicherweise vermeiden, dass ich weggeweht wurde. Der Wind am Strand war stärker als auf der Cook Strait.

Da die Landschaft im Südwesten der Nordinsel keine besonderen Höhepunkte zu bieten hatte – alles war flaches Farmland – änderte ich meine Planung und durchfuhr die Gegend zügiger. Ich wollte mir dafür im Norden, oberhalb von Auckland mehr Zeit lassen. Der Mount Egmont – oder auf Maori Mount Taranaki – der mit reichlich zweitausendfünfhundert Meter Höhe ein ganzes Gebiet beherrscht, war leider nur kurz bei Hawera zu sehen. Dann wurde er von Wolken verhangen und war die ganzen hundert Kilometer, die ich ihn in einem Halbkreis umfuhr, nicht mehr sichtbar. Überhaupt hatte ich mir vom Surf Highway 45 mehr versprochen. Die Straße ging nur ganz selten direkt am Meer entlang. Ab und zu gab es Hinweise auf Surf Beaches. Auch war der graue Himmel nicht unbedingt das, was ich mir unter Surfwetter vorstellte. In Opunake, einem aussterbenden Ort nahe der Küste, fuhr ich zum Strand und fand auch die Wellen nicht sehr beeindruckend für einen Surf Beach.

Kurz vor New Plymouth verirrte ich mich auf der Suche nach einem Restaurant in einen totalen Ferienort. Apartments, Ferienhäuser, Ferienhütten, Zelt- und Wohnmobilstädte mit Straßennahmen. Scheinbar hatte ich zufällig den Ort gefunden, an dem die Million Auckländer gemeinsam ihre Ferien verbrachten. Es war furchtbar. Ich brauchte gefühlte Ewigkeiten, bis ich da wieder herausfand. Ein Restaurant fand ich nicht.

New Plymouth selbst war wieder eine dieser austauschbaren neuseeländischen Städte, die mir langsam auf die Nerven gingen. Ich konnte kaum Unterschiede zwischen ihnen feststellen. Überall dieselben Läden in den Einkaufs- und Hauptstraßen, umgeben von den immer gleichen Gewerbegebieten. Besonderes Merkmal dieser Stadt war ein Zuckerhutberg am Meer, dem im Wasser mehrere kleinere Zuckerhüte vorgelagert waren. An und für sich ein schöner Anblick – hätte nicht ein hässliches, großes Kraftwerk daneben gestanden. Ich war schnell fertig mit New Plymouth.

Bei Waitara wurde der Surf Highway wieder zum Highway 3 und ich war zufrieden damit. Schnell kam auch ein kurviges, bergiges Stück, das etwas Abwechslung brachte.

Während ich nach einem angekündigten Wasserfall Ausschau hielt, sah ich von vorn plötzlich eine schwarze Wolke auf mich zukommen. Sie schien aus sehr dicken, dunklen Tropfen zu bestehen, die auf die Scheibe prasselten. Das kam völlig unangekündigt und ich erschrak ordentlich. Es handelte sich um einen Bienenschwarm, dessen Weg ich ungewollt gekreuzt hatte. Auf der Scheibe war ein Massaker. So an die hundert tote, zerplatzte Bienen. Ich entschuldige mich bei dem Besitzer für seinen Verlust, weiß aber bis heute nicht, wie ich ihn hätte abwenden sollen. Es hatte kein Schild „Achtung wandernde Bienen“ an der Straße gestanden.

Bis Mokau folgten, ein vorerst letztes Mal, zwanzig Kilometer direkt entlang der gischtenden und brodelnden Tasman Sea. Plötzlich kam auch die Sonne heraus und ich konnte mir hier einen Surf Beach schon eher vorstellen.

Ich hatte Glück und bekam einen Stellplatz mit direktem, unverstellten Blick aufs Meer. Auf der Düne, nur durch einen breiten Streifen schwarzen Sandes von der stürmischen Brandung getrennt. Direkt neben meinem Stellplatz ging der Hauptzugangsweg zum Strand entlang. So lernte ich nach und nach alle Mitbewohner kennen. Sie wollten gegrüßt und mindestens Hoya gefragt werden, das neuseeländische Äquivalent für how are you today.

Mein Aufenthalt in der Tasmanischen See war diesmal ausgedehnt, aber weit hinein kam ich nicht. Spätestens wenn das Wasser Bauchnabelhöhe erreicht hatte, warf mich eine der gewaltigen Wellen um und ich fand mich, nach orientierungslosen Augenblicken, im kniehohen Wasser wieder. Surfen sah ich niemanden, aber dazu waren die Wellen wohl noch nicht hoch genug. Da mir die öffentlichen Duschen nicht gefielen, nutzte ich meine eigene und verstand danach die Schilder, die überall darum baten, den schwarzen Sand am Strand zu lassen. Ich hatte eine Weile zu tun, um ihn halbwegs wieder aus der weißen Duschzelle herauszubekommen. Spuren davon würden wohl bis zum letzten Tag in Auckland vorhanden bleiben.

Nach den, immer wieder von Werbeblöcken unterbrochenen Hauptnachrichten im Ersten, die ich mir nach Möglichkeit wegen des Wetterberichtes ansah, kam in der Woche eine Sendung mit dem Namen Border Security. In einer halben Stunde wurden da die Fahndungserfolge auf australischen Flughäfen dargestellt. Dabei ging es von der Einreise ohne Arbeitserlaubnis, über die versuchte Einfuhr teilweise exotischer, verbotener Lebensmittel und auch dreckiger Boots, bis hin zu großen Drogenfunden. Die Kontrollen kamen mir teilweise gründlicher als bei der Einreise in die USA vor. Bei einem Paar aus England wurden zum Beispiel drei Äpfel und eine Banane im Gepäck gefunden. Das frische Obst hatten sie nicht auf dem Einreiseformular angegeben. Ein Verstoß gegen die Einreisebestimmungen, der mit 220 Australischen Dollar geahndet wurde. Alles Protestieren und der Hinweis, dass man nach vierundzwanzig Stunden Flug nicht mehr an jedes Detail in den Koffern denkt, half nichts. Die Border Security war unerbittlich. Den Gedanken, bei meinem Zwischenstopp auf dem rauchfreien Sidneyer Flughafen für eine Zigarettenpause nach Australien einzureisen, hatte ich längst aufgegeben. Ehe ich den akribischen und, wenn man der Sendung glauben konnte, immer erfolgreichen Beamten, den Grund meiner Einreise erklärt hätte, wäre der Weiterflug wahrscheinlich längst weg.

In den Werbeblöcken war der Weihnachtsschlussverkauf vom Jahresendverkauf abgelöst worden. Darauf folgte direkt der Jahresanfangsausverkauf. Überall gesenkte Preise. Alles musste raus. Immer noch, weil noch nicht alles raus war, oder schon wieder, weil schon wieder so viel da war. Neuseeland war nicht nur ein Natur- sondern auch ein Konsumparadies. Nur die speziell landestypischen, ausgefallenen Dinge suchte ich oft vergebens.

Ich hatte auch an allen Feiertagen nicht verhungern müssen. Irgendein Laden hatte immer offen, selbst in den entlegensten Orten. Zum Reisen ist das natürlich sehr angenehm. Wie sich auch sonst, in Sachen Beschilderung und Unterkunftsmöglichkeiten, mein Eindruck verfestigt hatte, dass Neuseeland ein bestens organisiertes Reiseland war, das mich in vielem und immer mehr an die USA erinnerte, auch wenn das die Kiwis nicht hören wollten.

Ein Stück weit führte der Highway 3 durch den Mangaotaki Canyon. Mit seinen teils schroffen, aber auch runden Sandsteinfelsen erinnerte er nicht unbedingt an die Sächsische Schweiz, aber an ein Stück Altmühltal. Heimatgefühle kamen auf.

Hinter Te Kuiti, der Welthauptstadt der Schafschur, bog ich nach Waitomo ab, um mir dort die Glowworm Caves anzusehen. Das ganze Gebiet war mit Kalksteinhöhlen durchzogen und bot Aktivitäten aller Arten an. Von der einfachen Wanderung über Komplettpakete zur Besichtigung aller vorhandenen Höhlen bis zum Black Water Rafting. Dabei sollte man die Höhlen auf Reifenschläuchen sitzend durchqueren. Auch an Seilrollen hängend war dies möglich. Am besten gefiel mir der Begriff Abseiling. Das stand da wirklich so auf dem Plakat und meinte das geführte Abseilen in eine Höhle. Ich entschied mich für die einfache und simple Besichtigung der Glühwürmchen Höhle. Entstanden vor dreißig Millionen Jahren, wussten die Maori lange über die Existenz der Höhlen Bescheid. Dem weißen Mann verriet der Häuptling Tane Tinorau 1887 das Geheimnis. Als Dankeschön durften seine direkten Nachkommen noch heute durch die Höhlen führen und die Toiletten des weißen Mannes reinigen. Ich kam gerade rechtzeitig, um an der ersten Führung solch eines Häuptlingsnachfahrens teilzunehmen. Im ersten Teil der Besichtigung gab es die üblichen Stalaktiten und Stalagmiten zu bewundern, von denen einige etliche hunderttausend Jahre vor sich hin getropft hatten, um ihre aktuelle Größe zu erreichen. In einem kathedralenartigen Raum von bis zu vierzehn Metern Höhe, war eine Wand zu bestaunen, die wie eine Orgel aussah. Zum zweiten Teil wurde ein feuchtes Boot bestiegen und das Licht gelöscht. Unzählige Arachnocampa Luminosa, eine nur in Neuseeland vorkommende Glühwürmchenart, ließen die Höhlendecke wie einen Sternenhimmel erscheinen, der sich im Wasser widerspiegelte. Die aus den Eiern geschlüpften Larven der Würmchen erzeugen das Licht, um Insekten anzulocken, die sie mit klebrigen, mehrere Zentimeter herabhängenden Schnüren einfangen, um sich von Ihnen zu ernähren. Leider war es nicht erlaubt, das Schauspiel zu fotografieren, obwohl ich mir nicht sicher war, ob das Licht dazu überhaupt ausreichend gewesen wäre. Nach etwa fünfzehn Minuten Kreisen auf dem Höhlensee zog der Häuptlingserbe das Boot lautlos ins grüne, buschähnliche, feuchtwarme Freie. Die Show war vorbei und jede der fünfundvierzig Minuten hatte einen Dollar gekostet.

Weiter auf dem Highway Richtung Norden, wobei ich Hamilton, die nächste größere Stadt, umfuhr, fiel mir auf, dass ich deutlich mehr Einrichtungen der Veterinärmedizin gesehen hatte, als Krankenhäuser für Menschen. Solche waren mir nur in den größeren Städten und da eher zufällig aufgefallen. Eine Tierarztpraxis gab es in jedem zweiten Ort direkt an der Hauptstraße. Entweder war dies der ungeheuren Überzahl der tierischen Bewohner der Inseln geschuldet, oder aber der Kiwi war an sich robust und brauchte keine ärztliche Hilfe. Bei einem Leben in kurzen Hosen und Gummistiefeln konnte ich mir das durchaus vorstellen. Die verweichlichten Städter wurden ja medizinisch versorgt.

Etwa hundert Kilometer vor Auckland wurde der Thermal Explorer Highway 1 erst zum Expressway und später zum Motorway. Den Unterschied habe ich nicht so recht verstanden. Auf jeden Fall durfte auf zwei Richtungsfahrbahnen hundert gefahren werden. Für mich galten weiterhin die neunzig km/h. Keinerlei Änderung gegenüber den Limits auf der Landstraße. Trotzdem musste ich immer wieder Kiwis überholen, die von der irrsinnigen Raserei völlig überfordert schienen. Aus den zwei Spuren wurden drei, dann vier und, mitten in Auckland, bis zu fünf. Mich erinnerte das mal wieder an San Francisco, auch die abgehenden Straßen hatten mindestens zwei Spuren und machten einen sehr amerikanischen Eindruck auf mich.

Wie in Berlin die Avus, ging der Highway 1 mitten durch die Stadt, was mir einige Blicke auf das Zentrum erlaubte. Aufgrund der hohen Gebäude wurde es Sky City genannt. Heraus ragte natürlich der Sky Tower, mit 328 Metern sogar das höchste Gebäude Neuseelands. Am besten gefiel mir die Fahrt über die

Harbour Bridge, ein riesiges Bauwerk, das die einen reichlichen Kilometer breite Hafeneinfahrt in vierzig Metern Höhe überspannt. Die ursprünglichen vier Spuren waren schnell zu wenige geworden und die Brücke eine Staufalle. Japanische Ingenieure lösten das Problem, indem sie sie an beiden Seiten einfach um je zwei zusätzliche Spuren verbreiterten. Ich fuhr zumindest auf den beiden linken Spuren zügig darüber hinweg. Auf den „schnelleren" rechten Spuren staute es sich. Wobei mir das auch ganz recht gewesen wäre, da die Aussicht auf die Stadt fantastisch war.

Vor den einzigen mautpflichtigen Kilometern Neuseelands bog ich auf den Twin Coast Discovery Highway ab, der den Norden oberhalb Aucklands erschließt. Als ich auf die Whangaparaoa Bay herabblickte, entschloss ich mich spontan, in Orewa Station zu machen. Ein palmenbestandener, gelber Sandstrand mit leicht anbrandendem, türkisfarbenen Pazifik lud zum Baden ein. Der Ozean war deutlich wärmer als die Tasman Sea und auf Grund der schwächeren Wellen war es sogar möglich zu schwimmen. Diesmal auch völlig angstfrei, da ich zum ersten Mal bei weitem nicht der Einzige im Wasser war.

Zügig fuhr ich weiter auf dem Twin Coast Highway gen Norden. Von den Küsten war dabei leider nur ganz selten etwas zu sehen. Dafür hatten sich das Klima und die Vegetation spürbar geändert. Es war schwül warm und die Luft roch süßlich nach Honig. Ich war in den Subtropen angekommen. Auf einem Schild stand allerdings, dass ich das Northland erreicht hatte.

In der Stadt Whangarei, beinahe hätte ich Walachei geschrieben, ließ ich mir in der Information den Weg zu einem Gartencenter erklären. Ich war auf die Idee gekommen, etwas Samen der exotischen Pflanzen zu kaufen und zu sehen, ob ich in Deutschland etwas davon am Leben erhalten könnte. Am meisten freute ich mich über Samen des Pohutukawa. Das war der große Baum mit den dunkelroten, bürstenartigen Blüten, der mich auf der ganzen Reise begleitet hatte und immer ein schönes Motiv gewesen war. Die Kiwis nannten den Baum Christmas Tree.

Ein nächster Halt in Kawakawa musste ganz einfach sein. An der Straße wies ein Schild auf eine Toilette von Friedensreich Hundertwasser hin. Es war höchst sehenswert, was sich der österreichische Künstler da hatte einfallen lassen und auf jeden Fall das erste Mal in meinem Leben, dass ich eine öffentliche Toilette von innen fotografierte.

Da ich den Abzweig der Straße nach Russel verpasst hatte und das viel zu spät merkte, nahm ich von Opua nach Okiato die Fähre. Dadurch erfuhr ich, dass Okiato die erste Hauptstadt Neuseelands gewesen war. Ich bewegte mich auf historisch bedeutsamen Grund. Russel war da auch nicht ohne. Die Stadt an der Bay of Islands wurde einst das Höllenloch des Pazifiks genannt. Die ersten Siedler waren desertierte Seeleute und ehemalige Sträflinge aus New South Wales. Matrosen, Walfänger und Händler kamen dazu. Als Ausgleich dazu gab es im Ort auch eine der ersten christlichen Missionen.

Die Nachfahren der Sträflinge gaben sich sehr bieder und bodenständig. Das ganze Städtchen machte einen sehr ordentlichen, gepflegten aber auch geschichtsträchtigen Eindruck. Überall wiesen Tafeln auf Ereignisse der Vergangenheit hin. Auf meine Frage nach den Piraten meinte die Frau an der Rezeption des Holiday Parks, da müsse ich noch eine Woche warten. Da sollte ein Piratenfest stattfinden. Ich hätte gern gewartet, aber leider ging das nicht. Als einziges Überbleibsel vergangener Zeiten sah ich im Ort eine Wahrsagerin bei der Arbeit.

Etwas unschlüssig sah ich mir die Angebote für Bootstouren über die Bucht an. Die Angestellte hatte mich aber schnell überzeugt, dass das Wetter ganz einfach ideal dazu war. Mit einem Katamaran ging es aufs Wasser hinaus. Gleich mehrere Boote machten eine regelrechte Jagd auf Delphine, um das versprochene Angebot zu halten. Einige der Boote hatten das Schwimmen mit den Delphinen im Programm. Wieder hatte ich Glück und bekam einen Schwarm der eleganten Säugetiere zu sehen. Das Erlebnis war jedoch auf dem großen Schiff mit den vielen Menschen deutlich schwächer als Tage zuvor auf dem kleinen Boot.

Das Schiff fuhr bis zum Cape Brett, wo sich die Bay of Islands zum Pazifik hin öffnet. Irgendjemand hatte die Zahl der Inseln auf hundertvierundvierzig festgelegt. Ich kann das weder bestätigen noch als falsch bezeichnen. Dazu hätte ich mir die Bucht vom Flugzeug aus ansehen müssen. Vom Schiff aus war das schwer einzuschätzen. Am Cape befindet sich das Hole in the Rock, ein riesiger Ausbruch in einem Felsen, der eine offene Höhle bildet. Ich konnte es erst nicht recht glauben, als der Kapitän ankündigte, er würde da jetzt durchfahren. Er tat es. Sozusagen ein Drive Through Hole für Schiffe. Es war beeindruckend. Ganz geheuer war dem Kapitän die Sache aber doch nicht, oder er wollte sein Publikum beeindrucken. Er fuhr zumindest viel zu schnell für meinen Geschmack durch das Loch im Felsen.

Auf einer der größeren Inseln wurde für eine Stunde halt gemacht. Prinzipiell dafür gedacht, das dortige Café mit Kundschaft zu versorgen. Der Kapitän wies aber auch auf einen kurzen Wanderweg auf einem der Hügel hin. Nur fünf der Passagiere machten sich an den Aufstieg in glühender Hitze. Und sie wurden mehr als entschädigt für die Mühe. Ich muss sagen, das war einer der schönsten Ausblicke, die ich je gesehen habe. Zum ersten Mal wünschte ich mir eine 360° Panoramafunktion an meiner Kamera. Man konnte wirklich mit einer vollen Korperdrehung die ganze Bucht überblicken. Keinerlei Vegetation behinderte die Sicht. Türkisfarben glitzerndes Wasser, gelbe Sandstrände, grüne Inseln, weiße Segel und von Motorbooten weiß aufgeschäumtes Wasser. Darüber der tiefblaue Himmel mit einer stechenden Sonne. Auch meine geliebten roten Pohutukawa Bäume waren ausreichend vertreten. Dazu noch der süße Blütenduft und, da ja kaum einer mit auf den Hügel gekommen war, auch herrliche Ruhe. So konnte man sich das Paradies vorstellen.

Ich war froh, dass ich mich zu der Tour hatte überreden lassen. Ohne die Bay of Islands von oben gesehen zu haben, hätte mir ein ganz wichtiger Eindruck vom Land der langen weißen Wolke gefehlt.

In Kerikeri, einem Ort am nördlichen Ende der Bay, konnte ich endlich einen Punkt erledigen, der mich seit Beginn der Reise beschäftigt hatte. Ich fand Kiwi Plantagen, denen ich mich bei gutem Licht mit der Kamera nähern konnte. Das Erste, was ich fotografierte, waren kleine Bäumchen an denen dunkelgrüne, eher glatte Früchte hingen. Irgendwie kam mir das nicht richtig vor, und es stellte sich heraus, dass es Orangen im ersten Reifejahr waren. Daneben standen größere Bäume, an denen Früchte hingen, die den Kubaorangen ähnelten, und die ich in der Art auch schon in Italien gesehen hatte. Dort benötigten die Orangen zwei Jahre zur Reife. Das schien mir auch für Neuseeland zu passen.

Beim zweiten Versuch hatte ich dann wirklich Kiwis gefunden. Die Pflanzen sahen Weinstöcken ähnlich und wurden wie diese an Spalieren gehalten. Die Zweige waren jedoch deutlich stärker als Weinreben. Wie Kirschen hingen die pelzigen, braunen Früchte an langen Stielen. Die Blätter waren dunkelgrün glänzend. Ich freute mich, dass ich das nun doch noch zu sehen bekommen hatte. Etwas später sah ich dann auch Avocados, so dass einige Wissenslücken geschlossen werden konnten.

Der Twin Coast Highway führte leider nur äußerst selten an der Küste entlang. Wenn sich jedoch einmal der Blick auf eine Bucht öffnete, war es jedes Mal ein baumbestandener Traumstrand mit tiefblauem Wasser.

An der dürftigen Aussicht änderte sich auch nichts, als das Land schmaler wurde und die Küsten näherkamen. Die nördliche Spitze Neuseelands ist im Schnitt zehn Kilometer breit und zieht sich knappe hundert Kilometer in die Länge. Auf Seiten der Tasman Sea erstreckt sich der Ninety Mile Beach, wobei die Längenangabe nicht stimmt. Es sind etwa neunzig Kilometer Strand, der auch mit dem Auto befahren werden kann. Mietfahrzeuge ausgenommen, sodass ich diese Sehenswürdigkeit auslassen musste.

Je weiter ich nach Norden kam, umso schwüler und heißer wurde es. Immerhin fuhr ich ja Richtung Äquator. Auch der süße Duft hielt sich beharrlich. Hinzu kamen die Geräusche unzähliger unbekannter Insekten.

Zum Cape Reinga, dem nördlichsten Punkt Neuseelands, führte wieder der Highway 1, und dort endete er auch. Vor einigen Wochen hatte ich in Bluff am anderen Ende gestanden und Richtung Südpol geblickt. Jetzt sah ich auf das Meer und das nächste nennenswerte Land in Richtung Norden war Kamtschatka. Die Kiwis waren wirklich sehr einsam auf ihren Inseln, mitten in einer endlosen Wasserwüste.

Als Deutscher musste man sich am Cap nicht einsam fühlen. Das erste, was ich dort hörte war, wie sich zwei jugendliche Deutsche über Facebookfreundschaften unterhielten. Als nächstes liefen mir zwei weitere Deutsche über den Weg, die ich auf dem Hügel über der Bay of Islands kennengelernt hatte. Neben irgendwelchem asiatischen Kauderwelsch war die Hauptsprache am Leuchtturm Deutsch. Ich fragte mich so langsam, ob überhaupt noch jemand zu Hause war.

Sehr interessant war es zu beobachten, wie an der Landspitze die Tasmanische See und der Pazifik aneinanderstießen. In einem zum Wasser hin auseinanderlaufenden Dreieck trafen die Wellenkämme aufeinander. Wobei die See stärker war als der Ozean, da die See den Westwind im Rücken hatte.

Ein netter Zwischenstopp auf der Fahrt zurück waren die Te Paki Sand Dunes. Eine riesenhafte Wüstenlandschaft mitten in der tropischen Vegetation. Dort sah ich auch den Beginn des Weges der zum Ninety Mile Beach führte. Er ging erst einmal durch ein flaches Flüsschen. Offensichtlich wirklich völlig ungeeignet für ein tonnenschweres Wohnmobil.

Ich machte doch noch einen Abstecher an den Anfang des Ninety Mile Beach. Leider ohne etwas davon zu haben. Der Himmel war grau und die Gischt der Tasman Sea ließ keine weiten Ausblicke zu.

Die weitere Strecke auf dem Twin Coast Highway ging völlig an mir vorbei. Da von Küsten weit und breit nichts zu sehen war, versank ich völlig in Gedanken und fuhr lustlos vor mich hin. Im Kopf liefen die Bilder der zurückliegenden Wochen ab, auf der Straße passierte nichts. Dazu kam noch, dass ich fast völlig allein unterwegs war. Das hätte ich mir an manch anderer Stelle gewünscht. Die Gegend kam mir noch verlassener als die Westküste der Südinsel vor. Auch die Brücken waren wieder einspurig.

Erst als der Highway 12 bei Omapere wieder die Küste erreichte, wurde ich munterer. Ein großer Fjord öffnete sich zum Meer und bot wunderschöne Ausblicke. Auf der einen Seite üppige grüne Vegetation, unterbrochen von gelben, orangenen und ockernen Sandsteinen. Gegenüber eine riesige gelbe Düne. Dazwischen das sich ins Land ziehende türkisfarbene Wasser. Auch die Sonne ließ sich wieder blicken, um dieses Panorama angemessen zu beleuchten.

Ein Stück weiter wurde die Straße schmaler und begann sich durch den Waipoua Forest zu winden. Ein subtropischer Regenwald, der einst das ganze Northland bedeckte und von den Kauri Bäumen dominiert wurde. Der Größte von ihnen, Tane Mahuta, wird von den Maori als Gott des Waldes verehrt. In der Mythologie ist er der Sohn von Vater Himmel und Mutter Erde. Er war

51,5 Meter hoch und hatte einen Umfang von 13,8 Metern. Sein Alter wurde auf über zweitausend Jahre geschätzt, er war also etwa so alt wie Jesus. Die Straße wand sich vierundzwanzig Kilometer um weitere Kauri Bäume herum. Von den Maori verehrt, wurden die Riesenbäume von den weißen Siedlern vor allem als Bauholz verwendet. Wenige haben das überlebt.

In Baylys Beach fuhr ich wieder an die Küste. Die Frau an der Rezeption sagte mir, dass der Strand einhundertzwölf Kilometer lang sei. Also noch länger als an der Nordspitze und wie ich der Karte entnahm, führten auch an dieses Badeparadies nur ganz wenige Stichstraßen. Ich wunderte mich über die großen, unerschlossenen Gebiete. Dabei war Auckland keine zweihundert Kilometer entfernt und an den Stränden dort herrschte Hochbetrieb. Vielleicht hatten die Kiwis ja ein sehr ausgeprägtes Geselligkeitsgefühl. Wäre schon denkbar, so allein wie sie da auf ihren zwei Inseln mit all den Schafen sind. Wahrscheinlich war es da sogar ein großes Glück, dass in den Sommermonaten ganz Deutschland zu ihnen kam und den reichlich vorhandenen Platz auffüllte.

Auf dem Rückweg vom Strand sah ich beim Funky Fish, einer Kneipe, durchs offene Fenster eine Karte liegen und nahm sie mir. Eine Bedienung, die merkte, dass ich die Weinkarte erwischt hatte, fragte, ob ich gerne die Speisekarte hätte und reichte auch diese heraus. Wenig später aß ich einen echten amerikanischen Beef Hamburger, während im Garten eine Band aufbaute und bald darauf ein interessiertes, touristisches Publikum mit anstrengender Jazzmusik beglückte. Das alles an einem Sonntagnachmittag. Ebenso wie die Kneipe hätte die Band eher in die Dresdner Neustadt gepasst und die Musik zu einer sehr frühen Morgenstunde als zur Kaffeezeit. Auf der anderen Seite der Erde wäre alles stimmig gewesen. So war es eine weitere neuseeländische Erfahrung.

Der Rest des Twin Coast Discovery Highways brachte keine neuen Einrücke. Der Himmel war grau und eine Küste, wenn überhaupt einmal, nur in weiter Ferne zu erahnen. Der Highway wurde fast auf seiner ganzen Länge seinem Namen nicht gerecht. Ich war in Gedanken ohnehin schon in Auckland und auf dem Rückflug. Einer der härtesten Abschnitte der Reise lag ja noch vor mir.

Ich hatte es mir in den Kopf gesetzt, auch die letzten beiden Nächte am Strand zu stehen und einen Zeltplatz in einem Vorort von Auckland vorgemerkt, der dies versprach. Obwohl ich die Karte genau studiert hatte, machte ich schon auf dem weitläufigen Stadtautobahnnetz, das schon dreißig Kilometer vor der Stadt begann, einen Fehler und fuhr in die falsche Richtung, am Stadtzentrum vorbei und Richtung Süden. Ich korrigierte das und hatte so die Gelegenheit, zum zweiten Mal über die beeindruckende Harbour Bridge zu fahren. Leider wieder in der Richtung vom Zentrum weg. Die Sky City war nur im Rückspiegel zu sehen. Kaum war ich auf der richtigen Autobahn, fand ich auch die gesuchte Ausfahrt nach Takapuna. Dreimal fuhr ich mitten durch das enge Zentrum des Vorortes, ohne auch nur einen Hinweis auf den Zeltplatz zu finden. Dreimal ließ ich mir den Weg erklären, näherte mich immer mehr dem Ziel und fand es dann auch. Den Mann an der Rezeption fragte ich als erstes nach der fehlenden Beschilderung. Er erklärte mir, dass er es immer wieder versucht habe, ein Hinweisschild genehmigt zu bekommen, die Stadt sei aber dagegen. Dann würden auch alle Hotels Hinweisschilder aufstellen wollen, und das sei nicht erwünscht. Dass wegen dieser Einstellung hilflose, verwirrte Touristen mit riesigen Wohnmobilen die Einkaufsstraße und Flaniermeile planlos hinauf und hinab irrten, wurde dabei hingenommen.

Egal, ich hatte es gefunden und auch noch Glück. Für einen Aufpreis bekam ich den letzten freien Platz an der Beachfront. Meine Vorstellung konnte also erfüllt werden. Vom Hauraki Gulf trennte mich nur ein Wanderweg und eine kniehohe Betonmauer.

Der Wanderweg war bei den Auckländern offenbar sehr beliebt, so dass ich eine große Anzahl der Spaziergänger und Jogger der Stadt persönlich kennenlernte. Der Platz war mit 47 Dollar für eine Nacht nicht gerade billig, aber ich teilte mir dieselbe Aussicht mit den Reichen und Schönen der Stadt. Um den Zeltplatz herum befanden sich nur sehr teuer aussehende Villen und Apartmenthäuser. Sogar die Spitze des Sky Towers war zu sehen.

In der Stadt traf ich nur auf Ausländer, die meine Frage nach dem Erwerb eines Discover Tickets höchstens bedingt verstanden. Ein Busfahrer bestätigte mir dann, dass man dieses bei Fahrtantritt beim Fahrer kaufen musste. Bei dem Ticket handelte es sich um eine Tageskarte, die mich mit dem Bus nach Devonport bringen würde und von dort mit der Fähre in die Sky City. Weiterhin berechtigte es zur Nutzung von drei Rundfahrtrouten innerhalb der Stadt.

Bis Auckland hatte mich ein deutsches Buch unterhalten, das ich auf dem Zeltplatz im Milford Sound gefunden hatte. Dieses stellte ich nun zu den anderen in einem kleinen Bücherei- und Internetwohnwagen und fand einen Ersatz. Bernhard Hoëcker, der bekannte deutsche Comedian, hatte auch ein Buch über Reiseerlebnisse in Neuseeland geschrieben. Das war mir bei meiner Literaturrecherche vor der Reise gar nicht aufgefallen. Ich war gespannt. Auf jeden Fall war ich nicht der erste deutsche Besucher dieses kleinen Zeltplatzes am Pazifik, wie das große Angebot an deutscher Literatur zeigte.

Das Wetter im Land der langen weißen Wolke zog noch einmal alle Register. Mit der Kaffeetasse in der Hand sah ich mir einen wunderschönen Sonnenaufgang über dem Golf von Hauraki an. Auf dem Strandweg waren die Morgenjogger unterwegs. So lernte ich auch die andere Hälfte kennen. Wobei ich anmerken muss, dass die Abendjogger deutlich freundlicher waren. Egal, ich hatte meinen Kaffee und den Sonnenaufgang.

Der Bus zur Fähre fuhr los, als ich saß. Auch auf die Fähre musste ich nicht lange warten. Leider hatte der Himmel sich zugezogen, so dass der Blick auf die näherkommende Skyline von Auckland ungünstig ausgeleuchtet war. Die Harbour Bridge hob sich gegen den grauen Himmel kaum ab.

Ohne Umwege ging ich durch die Straßenschluchten der Innenstadt zum Sky Tower. Dort stellte ich fest, dass mit dem Begriff Sky City nicht die ganze Down Town gemeint war sondern nur ein Gebäudekomplex, der den Sky Tower zum Mittelpunkt hatte. Neben Restaurants gab es unter anderem ein Spielcasino. Das einzige, das mir begegnet war. Wie in Las Vegas marschierte ich mit schussbereiter Kamera darauf zu. Sofort erklärte mir der Einlassdienst, dass ich da auf gar keinen Fall fotografieren könne. Scheinbar waren die Kiwis in dieser Beziehung etwas prüde. In Las Vegas hatte sich niemand daran gestört, dass ich sie beim Spielen fotografierte. Ein verwackeltes Bild machte ich dann trotzdem in einem unbeobachteten Moment.

Für 28 Dollar ging es mit dem Fahrstuhl hinauf auf den 328 Meter hohen Turm. In der Mitte des Fahrstuhlbodens war ein großes Fenster eingelassen, damit man beobachten konnte, wie schnell der sichere Erdboden unter den Füßen verschwand. Ab dem zweiten Drittel des Aufstieges war auch die Außenseite des Turmes offen, um schon erste Ausblicke zu gewähren. Meinen Geschmack traf das nicht unbedingt. Ich war froh, als ich sicher auf 182 Meter Höhe angekommen war. Von dort fuhr mich eine Fahrstuhlfrau ohne weitere Abenteuer in einer blickdichten Kabine zum Sky Deck auf 220 Meter Höhe. Da ich der erste und lange Zeit einzige Besucher des Tages war, hatte ich bis auf zwei Reinigungskräfte die ganze Aussichtsplattform für mich allein und konnte nach Belieben herumspazieren.

Schnell merkte ich jedoch, dass sich die Strahler der Deckenbeleuchtung ungünstig in den Scheiben spiegelten und natürlich mit auf den Bildern waren. Meiner Bitte an das Personal, diese Lichter doch auszuschalten, wurde – angeblich aus Sicherheitsgründen – leider nicht nachgekommen. Ich musste das akzeptieren. Der Ausblick über die Stadt und ihre Umgebung war natürlich umwerfend. Die grauen Wolken, mit kleinen, hellen Unterbrechungen, gestalteten den Himmel interessant, etwas mehr Sonne hätte aber auch nicht geschadet. Es kam ein Schauer – sehr schön schon von Weitem zu sehen – und ich fuhr 38 Meter nach unten zur Kaffeeplattform. Kaffee gab es noch nicht, einen Tee lehnte ich ab. Die Sonne hatte inzwischen einige Lücken in die Wolken gerissen, und ich schaute mir alles noch einmal in Ruhe von oben an. Zu Fuß und hoch über ihr, kam mir die Stadt gar nicht mehr so aufgeregt und laut vor.

Natürlich war es möglich, von dem Turm runterzuspringen, oder auf einer geländerfreien, nur mit Gitterrosten bedeckten, Plattform in 194 Meter Höhe um ihn herumzulaufen. Glücklicherweise war dies wegen des unbeständigen Wetters abgesetzt worden und blieb mir erspart. Ich fuhr wieder nach unten und ging auf sicherem Boden in Richtung Hafen weiter. Dort war das Siegerboot des America Cup ausgestellt, Neuseelands größter und für die Nation wichtigster sportlicher Erfolg. Jede Menge Jachten und Segelschiffe aller Größen präsentierten sich vor dem imposanten Hintergrund der Harbour Bridge. Aber ohne, zumindest teilweise, blauem Himmel und blauem Wasser machte ein Hafen keinen rechten Spaß. Die vielen modernen und ansprechenden Restaurants merkten das auch. Es war nicht viel Publikum unterwegs.

Mit großem Interesse sah ich mir auf dem Fischmarkt Austern, grüne Muscheln und lebende Hummer in Glasbassins an. Ich beließ es dann aber doch beim Anschauen. Was eine gute Entscheidung war, denn beim Fährgebäude fand ich „Fritz`s Wieners“, einen Wurststand, der Wert auf Bavarian Style legte. Da war ich doch genau richtig. Ich orderte eine scharfe Bratwurst mit Röstzwiebeln im Brötchen und war glücklich. Etwas müde vom Laufen und weil es wieder zu Regnen anfing, setzte ich mich in einen der Rundfahrtbusse, was sich als Fehler herausstellte. Von der Stadt etwas zu sehen war nur bedingt möglich, da die Scheiben stark getönt waren. Außerdem quälte sich der Bus mit sehr lautem Motor durch den dichten Verkehr und etliche Baustellen. Zwischendurch wurde mir mit aller Härte und sehr schmerzhaft bewusst, dass sich die Reise rasend schnell ihrem Ende näherte. Ich war froh, als die Runde vorbei war.

Als ich ausstieg, entdeckte ich an einem Gebäude gegenüber der Bushaltestelle den Beweis für meine Vermutungen der letzten Wochen. Ein großes Star Spangled Banner flatterte im Wind. Irgendetwas hatten die Kiwis also doch mit den Amis zu tun.

Auf der Rückfahrt mit der Fähre kam endlich die Sonne etwas länger und intensiver zum Vorschein, so dass die Skyline wenigstens zum Schluss angemessen in Szene gesetzt wurde. Traurig nahm ich Abschied von der schönen Stadt, die mich im Zentrum an Vancouver und in den äußeren Bereichen sehr stark an San Francisco erinnert hatte. Zu den zwei Städten, die mir außerhalb Europas bisher am besten gefallen hatten, war eine dritte gekommen.

Kaum war ich sicher bei Ron angekommen, fing es wie wild zu stürmen und zu schauern an. Auch die Abendjogger ließen auf sich warten. Das Packen ging schnell, und ich wunderte mich mal wieder, was ich alles mitgenommen und nie gebraucht hatte. Die so akribisch von der Bio Hazard Control gereinigten Boots und die Wanderspezialkleidung war überhaupt nicht zum Einsatz gekommen. Einmal, weil mir die Sandalen auch zum Wandern völlig gereicht hatten, zum anderen hatte ich diese Ausrüstung für die Gletscher vorgesehen gehabt und die waren ja völlig ins Wasser gefallen. So konnte ich mit ruhigem Gewissen auf alle kommenden Kontrollen zugehen. Auch meine Boots waren clean.

Nach einem letzten Kaffee, mit Sonnenaufgang in freier Natur, ging es quer durch Auckland zu KEA. Prompt stand ich auf den Zufahrtsstraßen zur Harbour Bridge im morgendlichen Berufsverkehrsstau. Gudrun schien die ganzen sechs Wochen auf meine Rückkehr gewartet zu haben. Sie nahm meine Schadensschilderung völlig entspannt entgegen. In einem Protokoll wurde alles notiert und die fünftausend Dollar Kaution erst einmal einbehalten. Bei der sehr akribischen Fahrzeugkontrolle bedankte sie sich zum Abschluss für den sehr sauberen Zustand. Es hatte sich gelohnt, dass ich einige Zusatzminuten in ein kurzes Durchwischen investiert hatte. Kaum hatte ich mich von Ron verabschiedet, saß ich auch schon wieder bei Stu im Auto, der mich zum Flughafen fuhr. Obwohl es da, wie sechs Wochen zuvor, ein Missverständnis gab. Ich ging schnurstracks auf die Fahrerseite zu und Stu fragte mich grinsend, ob ich fahren wolle. Die ganzen Wochen über war es mir mindestens einmal am Tag passiert, dass ich auf der falschen Seite einsteigen wollte. Das Rechtslenken und Linksfahren war mir fremd geblieben.

Nachdem ich mein Gepäck abgegeben und der sehr interessierten Qantas-Angestellten erklärt hatte, wo Dresden lag, sah ich mir unentschlossen den Eingang zum internationalen Bereich an. Eine Flughafenangestellte, die mein Zögern bemerkte, meinte ich solle nur hineingehen, da wäre es viel ruhiger und entspannter. Ich zögerte immer noch und fragte nach einer Rauchmöglichkeit. Aber sicher gäbe es da einen Raucherbalkon, ich solle nur ganz entspannt erst einmal weitergehen. Es gab einen, sogar offenen, Raucherbalkon, wo ich Bernd, einen Schweizer, wiedertraf, der schon vor dem Flughafen mein Laster geteilt hatte. Als ich dann noch auf der Abflugtafel meinen Flug fand und dahinter den freundlichen und absolut kiwitypischen Hinweis „Relax" las, sah ich den kommenden Strapazen gelassen entgegen.

Der letzte Blick auf die, schnell unter einer langen weißen Wolke verschwindende, grüne Insel tat weh. Ich kämpfte mit Wasser in den Augen. Es hatte mir gefallen und ich hatte mich wohlgefühlt am anderen Ende der Welt. Ich wusste aber auch, dass ich Aotearoa in diesem Leben sehr wahrscheinlich nicht noch einmal sehen würde.

Entspannt und nur leicht genervt von den engen Sitzen, die mich schon auf dem Hinflug in der kleinen Boeing bedrückt hatten, stieg ich in Sydney aus, ließ die nächste Sicherheitskontrolle über mich ergehen und erreichte den feindlichen, rauchfreien internationalen Bereich. Dort stutzte ich beim Blick auf die Abflüge kurz. Mein Flug war korrekt angezeigt, aber ein parallel abgehender Flug nach London auf den nächsten Tag verschoben. Ich befürchtete Schneeprobleme in Europa, machte mir dann aber weiter keine Gedanken und brachte die Zeit bis eine Stunde vor dem Start recht schnell herum. Bernd fand mich bei einem kleinen Imbiss sitzend. Er hatte auch keine Möglichkeit zum Rauchen entdecken können und fragte mich eher beiläufig, ob ich schon einmal an unserem Abflugsgate gewesen sei. Ich verneinte, und er sagte mir, dass da noch keine Maschine stünde. Eine Stunde vor Abflug ein ganz schlechtes Zeichen. Erinnerungen an Dresden kamen hoch. Wir schauten zusammen auf die Anzeigetafel und fanden da das böse Wort „delayed". Verschoben wie der Flug nach London. Unserer jedoch nur um lächerliche fünf Stunden. Und das ausgerechnet in der Nichtraucherhölle Sydney. Panik stieg in mir auf.

Ich beschäftigte mich zuerst mit Frustshopping. Ein T-Shirt von Sydney hatte ich mir nun auf jeden Fall erarbeitet, bei der Auswahl an Bumerangs war ich noch am Überlegen. Ich traute deren Authentizität nicht. Sie sahen zwar sehr schön, aber auch sehr chinesisch aus. Zumindest erfuhr ich von der Verkäuferin noch, dass mir von Qantas ein Verpflegungsgutschein zustünde, und wo ich ihn bekäme. Stunden später ging ich mit den dreißig

Dollar essen. Sie reichten gerade so. Beim Getränk dazu wurde es schon knapp und ich musste handeln.

Irgendwann stand dann auch eine Boeing 747 am richtigen Gate. Bernd und ich waren uns aber ziemlich sicher, diese vorher an einem anderen Gate stehen gesehen zu haben. Mit offenen Triebwerksverkleidungen und jeder Menge darum herum wuselnder Techniker. Ich hatte kein gutes Gefühl und das Boarding wurde auch noch mehrfach verschoben. Begründung zuletzt, die Maschine sei zu heiß und müsse noch gelüftet werden. Ich traute der Sache immer weniger und konnte Bernds Überlegungen, wann wir denn nun in der Luft wären, nicht so recht teilen. Sechs Stunden nach der geplanten Abflugzeit begann das Einsteigen. Alle waren froh, dass nun doch etwas passierte. Das änderte sich schnell, als der Kapitän bekannt gab, dass noch fieberhaft an den Triebwerksproblemen gearbeitet würde. In der Maschine war es stickend heiß und die Stimmung sank recht schnell unter den Gefrierpunkt. Kurz vor dreiundzwanzig Uhr wurde dann bekanntgegeben, dass die Probleme nicht gelöst werden konnten und nun der Flughafen schließe. Ungläubig sahen wir uns an. Alles wieder aussteigen. Und, um alles noch schlimmer zu machen, sollten wir auch unser Gepäck wieder abholen. Fünfhundert müde und frustrierte Menschen aus aller Welt stellten sich an den Gepäckbändern an. Danach stellten sie sich bei der nie gewollten Immigration nach Australien an. Dazu musste, wie ich ja schon aus dem Fernsehen wusste, ein Formular ausgefüllt werden, auf dem kein Apfel unerwähnt bleiben durfte. Ich griff mir unbesehen eines und merkte erst in der Schlange, dass ich mit einem chinesischen Vordruck nicht viel anfangen konnte. Also zurück, ein englisches gesucht und ausgefüllt. Im Gegensatz zum Fernsehen waren die Kontrollen aber völlig lustlos und ich sah niemanden, der ernsthafte Probleme bei der Einreise bekam. Auch ohne Visa schien in dieser Nacht in Sydney einiges möglich zu sein. Die Beamten wollten offensichtlich nur noch nach

Hause. Sie hatten es ja nicht weit. Natürlich wurde ich mit meinem Rucksack wieder zur Bio Kontrolle gewunken. Dort konnte ich dem uninteressierten Beamten glaubhaft erklären, dass meine Boots schon von seinen Kollegen in Auckland gereinigt worden waren und ich keine neuseeländischen Gefahren an sie herangelassen hatte. Was ich völlig verdrängt hatte, waren die biologischen Kampfstoffe in meinem Rucksack: mehrere Gläser Honig, diverse Pflanzensamen und die Paua Muschel. Alles Dinge, mit denen ich die völlige Zerstörung des australischen Kontinents hätte herbeiführen können. Der Beamte versagte vollständig und nur der Umstand, dass ich den Rucksack nicht auspackte, verhinderte ein ökologisches Desaster. Egal, die Einreise war überstanden und ich in Australien.

An der nächsten Schlange wurden Taxi- und Hotelgutscheine verteilt. Während des Wartens erzählte mir ein Italiener, der nach vielen Wochen in einer Forschungsstation in der Antarktis nach Rom zurück wollte, dass die Reise von der Antarktis bis Sydney völlig problemlos verlaufen war. Nur von Sydney nach Frankfurt zu gelangen war, zumindest an diesem Tag, nicht möglich. In Sydney war Sommer. Sydney war der Heimatflughafen von Qantas und die Gesellschaft war nicht in der Lage, zwei offensichtlich defekte Maschinen zu ersetzen. Mein Eindruck vom hohen Alter der eingesetzten Boeing 747 wurde bestätigt.

Endlich im Taxi zum Hotel sitzend, fragte ich den Fahrer, was ich denn jetzt mit meiner Nacht in Sydney anfangen könne. Wir einigten uns darauf, dass er zumindest einen Umweg zum Hotel nahm und mir die Harbour Bridge und die Oper zeigte. Mir war es egal, was die Fahrt kostete, ich unterschrieb alles. Sollte sich Qantas über die Rechnung ärgern. Der Fahrer war gut drauf und wir verbrachten einige lustige Minuten mit der improvisierten Stadtrundfahrt. Leider war es zum Fotografieren zu dunkel. Wir verabschiedeten uns vorm Hotel wie alte Bekannte, und er wollte sogar noch meine Adresse haben.

Als sich die Türen des Fahrstuhls zur Rezeption öffneten, glaubte ich nun endgültig in einem Alptraum zu sein. Der nicht kleine Empfangsbereich war restlos mit Menschen und Gepäck verstopft. Ich hatte Probleme, überhaupt aus dem Fahrstuhl herauszukommen und einen Platz für mich und meine Taschen zu finden. Hinter dem Tresen ein erschöpft wirkender, asiatischer Angestellter im Endstadium der Verzweiflung. Das hatte er mit uns gemein. Aber er hatte die Karten für die ersehnten Zimmer. Ich erfuhr, dass im Moment noch keine Zimmer vergeben wurden, da der überforderte Angestellte immer noch auf eine Kostenübernahmebestätigung durch Qantas wartete. Zwei Stunden später war ich auf meinem Zimmer im vierzehnten Stock angekommen. An Schlaf war nicht zu denken. Ich brauchte eine Dusche und hätte auch gerne etwas gegessen. Im Hotel gab es nur noch Reste der bereitgestellten Gratisgetränke. Bei laut rauschender Klimaanlage schlief ich schließlich ein. Das Geräusch vermittelte mir den Eindruck, im Flugzeug zu sein.

Zwei Stunden später weckten mich die Sonne und das Gefühl, doch wenigstens etwas von Sydney mitnehmen zu müssen. Ich frühstückte ausgiebig und ließ mir an der Rezeption einen Stadtplan geben. Die Oper war bequem zu Fuß zu erreichen, und ich machte mich auf den, schon am Morgen schwül heißen, Weg. Schnell hatte ich das markante Wahrzeichen der Stadt mit seinen weißen Segeln gefunden und machte die entsprechenden Fotos von Oper, Brücke und Skyline. Das T-Shirt hatte ich mir nun wirklich verdient, und ich konnte ab sofort guten Gewissens sagen: Ich war in Australien. Das war also auch erledigt.

Nach einem Mittagessen im Hotel machte ich mich, ohne auf den versprochenen Shuttle Bus zu warten, auf eigene Faust zum Flughafen auf. Eine, wie ich später erfuhr, nicht gerade sinnvolle Entscheidung, aber ich traute Qantas nicht mehr.

Für einen Gepäckwagen am Flughafen hätte ich vier australische Dollar benötigt. Laut verfluchte ich Australien und Sydney im Allgemeinen und Flughäfen im Speziellen. Das kannte ich bisher nur vom Dresdner Flughafen. Auch dort war absolutes Rauchverbot. Bestand da ein Zusammenhang mit pfandpflichtigen Gepäckwagen? Ich hatte es so satt. Trotzdem musste ich den Rucksack zum Check In schleifen. Die Schalterangestellte wusste nichts von einem verschobenen Flug und musste erst Instruktionen einholen. Die sie aber zum Glück bekam. Ich fragte eine vertrauenswürdig wirkende Schaltermanagerin, ob der Flug denn wirklich ginge. Auf ihre bejahende Antwort fragte ich nach: „Sure?" Sie lächelte mich an, sagte: „Sure" und gab mir die Hand darauf. Einigermaßen beruhigt machte ich mich auf die Suche nach dem Aureiseformular und fand dabei eine, angenehm im Freien eingerichtete, Raucherterasse mit Bar. Ich setzte mich in die Sonne und schon bald kam Bernd, der mich wie einen lange vermissten Freund begrüßte.

Eine Stunde vor Abflug gingen wir in den nur allzu bekannten internationalen Bereich und fanden nach einigen Unklarheiten an der Anzeigetafel das richtige Gate. Eine Maschine stand auch da. Mit laufenden Triebwerken. Hoffnung kam auf. In der mittlerweile wie eine Schulklasse wirkenden Leidensgemeinschaft kam noch einmal Unruhe auf, als die Unklarheiten auf der Anzeigetafel bestehen blieben und Gerüchte um eine neue Verschiebung die Runde machten. Eine Amerikanerin sprach laut, deutlich und vor allem mit ihrem staatsbürgerschaftlichem Hintergrund auch völlig überzeugend den Satz aus, der wohl so, oder so ähnlich, allen durch den Kopf ging. „I kill them." Sie musste nicht zur Tat schreiten. Pünktlich begann das Boarding, sogar ohne dass einzelne Sitzreihen aufgerufen wurden. Alles ging ruhig und zielgerichtet vonstatten. Ohne der sonst üblichen Rangelei und Warterei. Alle waren eine Gemeinschaft mit einem gemeinsamen Ziel, endlich Sydney zu verlassen. Das Gepäckverstauen und Plätze suchen verlief nahezu geräuschlos. Wir hatten das ja geübt.

Der Rest war dann einfach. Sieben Stunden rumsitzen und dabei einen ausgedehnten und spektakulären Sonnenuntergang über dem Indischen Ozean genießen. Australien sah aus der Luft so aus, wie ich mich auf dem Flughafen gefühlt hatte. Eine menschenfeindliche, rote Wüste. Ich hatte nicht den Eindruck, dass ich mir dieses Land noch einmal genauer ansehen müsste.

Zwei angenehme Stunden Pause vom Sitzen in Singapur. Dann reichliche und sehr lange zwölf Stunden Sitzen in der nicht enden wollenden Nacht, mit der wir mitflogen. In Frankfurt war mein sieben Uhr Flug vom Vortag nicht mehr buchbar und ich hatte wieder einmal vier Stunden zu meiner Erbauung auf einem Flugplatz. Zumindest konnte ich hier herausgehen und wurde von Kälte und Dunkelheit erschlagen. Das Servicepersonal, mit dem ich in dieser Zeit Kontakt hatte, war nur bedingt in der Lage, die deutsche Sprache anzuwenden, so dass ich mich einfach weiter englisch verständigte. Irgendwann war auch das vorbei. Der Hüpfer nach Dresden gelang ohne besondere Vorkommnisse. Mein Rucksack hatte die Reise auch geschafft und ein Taxi war schnell gefunden. Zum Fahrer sagte ich einfach nur: „Nach Hause.“ Ich hatte das Gefühl, mich noch nie so über diese Worte gefreut zu haben.

Auf dem kleinen Weg (Privat! Nutzung auf eigene Gefahr!! Kein Winterdienst!!!), der in die Welt führte, kam ich von der anderen Seite der Erde zurück. Sechsundzwanzig Stunden zu spät, aber glücklich. Ich hatte es mal wieder geschafft.

Epilog

Ich brauchte sehr lange, um wieder in Deutschland anzukommen. So naheliegend, wie ich dachte, war Aotearoa dann wohl doch nicht gewesen. Die feuchte, ewiggraue Kälte und die permanente, deutsche Dunkelheit schlugen mir auf das Gemüt. Der Übergang war zu krass gewesen. Vom Winter auf den Sommer umzustellen hatte mir – bis auf den unvermeidlichen Sonnenbrand – keine Schwierigkeiten bereitet. Mit der anderen Richtung tat ich mich sehr schwer. Ebenso übergangslos hatte ich eine hartnäckige Erkältung, die nur sehr langsam auf dem Rückzug war.

Eine Woche nach meiner Rückkehr, in der ich nicht einmal für eine Minute die Sonne gesehen hatte, lag eine Karte von Gudrun im Briefkasten. Sie fragte nach, ob ich gut angekommen wäre und bat mich, ihre Firma bei meinem nächsten Neuseelandurlaub wieder in Betracht zu ziehen und auch Freunden zu empfehlen.

Sofort zogen die Bilder des Landes der langen weißen Wolke vor meinen Augen vorbei. Die manchmal gnadenlos brennende Sonne. Die schneebedeckten Gipfel mit den türkisfarbenen Seen davor. Die Sonnenaufgänge über dem Pazifik und die Sonnenuntergänge über der gischtenden Tasman See. Die sanften, toskanischen Hügel, mal grün, mal gelb, mal braun, aber immer mit Schafen bedeckt. Die dampfenden und tropfenden, grünen Regenwälder. Die bunten Wunder der Vulkangebiete. Die wilden Fjorde und Canyons. Die lustigen Vögel, die gesunden Früchte und die entspannten, schwer verständlichen Menschen. Das alles hatte tiefe Spuren in mir hinterlassen. Meine Probleme waren zwar nicht gelöst worden, aber ich hatte kaum über sie nachgedacht und einen guten Abstand zu ihnen gewonnen.

Neuseeland war auf jeden Fall eine Reise wert gewesen. Auch eine zweite wäre sicher schön, da es alles bot, was ein Urlaubsland bieten sollte. Gute Unterkünfte, gute Ausschilderung, jede Menge Bespaßung, kostenlose, öffentliche Toiletten und meiner Meinung nach sogar die perfekte Lösung für die klassische, innerfamiliäre Urlaubsdiskussion. Strand und Berge lagen so dicht beieinander, dass man über die Tagesgestaltung nicht streiten müsste.

Neuseeland wäre das ideale Urlaubsland, wenn, ja wenn es nicht so verdammt weit weg wäre. Aber vielleicht war genau das der ganz besondere Reiz.

Ron am Nugget Point

Was man in Aotearoa unbedingt machen sollte

Kiwis essen (gibt es überall zu kaufen, schmecken gut und sind gesund, die goldenen sind besser als die grünen)

Kiwis ansehen (äußerst schwierig, da fast ausgestorben und nachtaktiv)

Mit Kiwis reden (noch schwieriger, da echte Kiwis eine ganz eigene Vorstellung von der Anwendung der englischen Sprache haben)

Mit einem Hubschrauber oder Kleinflugzeug fliegen (wird fast überall angeboten, da die Kiwis die geborenen Piloten sind)

Irgendwo runterspringen (die sichere Variante wird mit Seil angeboten)

Delphine ansehen (man kann auch mit ihnen schwimmen oder sich von ihnen therapieren lassen)

Mehrere Regentage an der Westküste verbringen (keine Planung erforderlich)

Eine Goldgräberstadt besuchen (in den besseren kann man selber Gold waschen oder gleich Nuggets kaufen)

Pinguine ansehen (an den richtigen Stellen morgens und abends ein planbares Erlebnis)

Schafe zählen (wirkt ungemein beruhigend)

Einige Ortsbezeichnungen

Toralf Thieme „On roads – auf nordamerikanischen Straßen“

Elf Wochen im Wohnmobil unterwegs auf nordamerikanischen Straßen. Dreißigtausend Kilometer von Montreal im Osten Kanadas über Alaska, entlang der Pazifikküste nach San Francisco und Los Angeles, in die Wüste von New Mexico, durch die Canyons in Utah und Arizona bis nach Vancouver. Eine Reise durch sieben kanadische Provinzen, elf US-amerikanische Bundesstaaten und zwanzig Nationalparks. Von Ost nach West und von Norden nach Süden. Über den Trans Canada Highway, die Panamericana, die Going to the Sun Road, den Alaska Highway, den Top of the World Highway, die 101, den Highway 1 und ungezählte mehr. Auf den Spuren von Jack London und Jack Kerouac zu den Wurzeln der Doors und von Woodstock.

Neben der überwältigenden Natur werden Eindrücke aus dem Amerika im Jahr eins der Regierung Obama geschildert. Auf gute und sehr schlechte Wohnmobilstellplätze entlang der Route wird hingewiesen. Eine Übersichtskarte vervollständigt das Buch. Eine Lektüre, die Mut macht, aus dem Alltag aus- und in die Ferne aufzubrechen.

„Toralf Thieme schreibt so, wie ein naiver Maler malt: mit einer Liebe zum Detail, die nicht einmal vor Badelatschen haltmacht, die er für einen Dollar gekauft hat.“ (Henryk M. Broder, spiegel-online)

„Dieses Buch ist so gar nicht mein übliches Genre. Ein Reisebericht über eine elfwöchige Wohnmobiltour durch Nordamerika. Jedoch: ich habe es wahrlich verschlungen. Warum? Weil es gekonnt den Spagat zwischen einem verträumten Karl May und der trockenen Realität eines Reiseführers schafft. Weil der Autor grundehrlich schreibt.“

(Kundenkritik, amazon)

Reisebericht 2010, Broschur, 156 Seiten, ISBN 978-3-940200-50-1
www.notschriften.com